JN233503

企業合併と「異文化」
―――企業文化の衝突―――

海野素央　鈴木了符子

「企業異文化シナジー」のプログラム付き

学文社

序

　「愛社精神」「忠誠心」「滅私奉公」「忍耐」「勤勉」「勤労」の美しさ，「集団主義」「和」「人間関係」の重視，「謙遜」「気配り」の大切さ……

　これらの価値観は，かつて日本人のサラリーマンに共有されていた．サラリーマンにとって，会社は，ファミリー，心の拠り所，生きがい，そして人生のすべてでもあった．アイデンティティは会社にあり，会社と自分は一体化していた．企業戦士，ワーカホリックと言われたり，外国から"Japan Inc.（日本株式会社）"と揶揄されながらも，誇りと自信を持って仕事をしていた．身を粉にして会社に「忠誠」を誓い，尽くしていれば，その会社が定年まで面倒をみてくれるという暗黙の了解があった．終身雇用の砦に守られていた．

　ところが，会社に「忠誠」を誓い，「滅私奉公」の精神で働いてきても，その会社に定年まで残ることはもはやできなくなってしまった．

　「何のために会社に尽くしてきたのだろう」
　「これまでの人生は一体何だったのか」
　「これから生き残っていけるのか」
　「明日は我が身か」

そんな声が聞こえてくる．

サラリーマンを取り巻く労働環境の変化はこれまでになく大きい．制度が変化を余儀なくされ価値観が揺らいだのか，その問題はここでは置くとしても，終身雇用の後退ばかりではなく，雨後の筍のように合併により新会社が誕生している．しかも，日本の高度成長期には思いもつかなかった企業同士の合併が起っている．三井銀行と住友銀行の合併．それに伴う，三井海上火災保険と住友海上火災保険の合併．

これらの合併は，財閥系同士，ライバル会社同士の合併である．外から見れば，まるで水と油，犬と猿の合併だ．水と油は分子構造，犬と猿はDNAの数パーセントが違うが，これらの企業は，その歴史，社是，社の経営理念，社の雰囲気，社の体質等，それらが創る企業文化がまるごと違う．

一言で言えば，「異文化」同士の合併なのだ．

文明の衝突ならぬ文化の衝突が，同じ日本の中で合併企業という「場」で起こっている．合併企業で何とか生き残ったサラリーマンは，異文化の衝突の荒波にもまれてあがいてはいないだろうか．

異文化研究をする自分たちにとっては，無関心ではいられない事柄である．そこで，直ちに調査を開始した．2年も前のことである．

ヒアリング調査をしてみると，色々な問題点が浮かび上がっ

てきた．これから詳しくみていくが，同じ業界同士の合併であるのにも拘わらず，合併企業で働いている社員は，トップが考えている以上に，企業文化の相違の大きさに驚き苦しんでいる．

表面上は"対等合併"でありながら，合併後の新会社では「強者」と「弱者」に分かれる．「強者」は「弱者」に自分たちの仕事のやり方，考え方，価値観を押しつける傾向がある．「弱者」は，自分たちの仕事のやり方，考え方，価値観を「強者」に否定される．それは，これまでの人生や人格をすべて否定されたという深い心の傷を「弱者」に負わせる．いわゆる「合併トラウマ」である．

合併企業は，数字を並べてシナジー効果をアピールする．確かに，企業合併を経済的効果からみた場合，1プラス1が3や5になっているのかもしれないが，心理的な面からみると1プラス1がマイナス3やマイナス5になっている場合がある．この辺のところは，第1章で業界別に事例を挙げ，第2章で事例の分析を異文化的な点から，また，心理的な点から簡単な分析を行っているので是非読んで頂きたいと思う．

余談になるが，昨年『チーズはどこへ消えた？』(スペンサー・ジョンソン，門田美鈴訳)が話題になったことは記憶に新しい．

この本では，「消えたチーズ」に焦点が当たっているが，「消えないチーズ」も存在するのではないだろうか．物質的なもの

だけをチーズとすれば,どこかへ消えてしまうこともあるだろう。しかし,主義,志操、価値観は消えないはずだ。本来,消えないはずのチーズが,日本人の場合,どこかに消えてしまった。「愛社精神」「忍耐」「忠誠心」「和」「謙虚さ」「気配り」等は,その類ではなかったのだろうか.

　その最大の原因は何か.

　一言で言えば,メガ・コンペティション（大競争）にある.この言葉自体は,もう言い古された感がある.

　我々がメガ・コンペティションの中に組み込まれると,冒頭で挙げた価値観,即ち,日本的な良い価値観は,無価値になってしまう.メガ・コンペティションにおいて,支配的な価値観は,「成果主義」「能力主義」「スピード」「効率」「個人主義」等である.そこでは,人々は「勝ち組」か「負け組」の意識に縛られて生きている.

　「勝ち組」「負け組」に関して,ニューヨークに住むあるアメリカ人（白人）の親子の話を紹介しよう.

　ナンシー・ヒルズ（仮名）氏は,ニューヨークにある名門私立大学で英語教師をしていた.クールな性格であったが,留学生を大学の側にあるマンションに呼んでパーティーを開く等,フレンドリーなところもあった.学生の教育に関しては非常に熱心だった.息子のリチャードは3歳.すばしっこく,やんちゃ坊主.

　ある日,ナンシーは日本人留学生の鈴木孝一（仮名）氏にベ

ビーシッターを頼んだ．

「あなたの英語の勉強にもなるわ」

そんな甘い言葉に乗って，鈴木氏はいい返事をしたものの，いざリチャードのベビーシッターをしてみると，彼の攻撃的な性格に困惑した．リチャードは，早口で英語を話しながら，容赦なく鈴木氏を蹴ったり叩いたりしてきた．アメリカに来て間もない鈴木氏には，リチャードが何を言っているのかさっぱり理解できなかった．目上に対する礼儀や謙虚さを重んじる文化から来た彼にとっては，相手が幼児とはいえ，蹴ったり叩いたりする行動にはショックを受けた．

「アメリカ人の子どもは，日本人の子どもとは随分違うな．ぼくがアジア人だから，叩かれるのかな」

彼はそんなふうに感じていた．

ある日，リチャードがナンシーの前で彼を叩いたことがあった．

"Richard, be gentle, please."（リチャード，おとなしくしてちょうだい）と，ナンシーが注意をしたが，リチャードは一向に聞かず叩き続けた．

結局，この留学生がリチャードから習った英語は，"I won!", "I won!"（ぼくの勝ち）だった．

それは，リチャードの最も好きな言葉だった．

ナンシーはその言葉を聞くと満足気だったという．

要するに，リチャードは競争して勝つことに価値を置いてい

た．また，そのように教育されていた．

リチャードの世界では，彼は「勝ち組」で，この留学生は「負け組」．リチャードは「強者」で，彼は「弱者」．人間を「勝者」か「敗者」といった二分法で測ろうとする．相手を測る物差しが「勝者」か「敗者」か，「敵」か「味方」かといった二分法なのが，いかにもアメリカ人らしい．彼は競争に勝つことを意識し，それに縛られて生きていくのであろう．

「人と協調してやっていくことができる人間が聡明な人だ」と教育され，こちらが折れたり，相手に勝たせたり，相手と調和したりすることができる日本人のある世代とは，評価の物差しがまったく違う．

アメリカではEQ（心の知能指数）が，その新鮮さで話題になったが，日本文化の中では，自然にそのような価値観や考え方を尊重する人たちがいた．

もう一人，今度はあるサラリーマンの話を紹介したい．

加藤礼一（仮名）氏は高校時代，剣道部の主将として活躍し，大学時代は，ゼミきっての理論派で，議論をすると非常にタフであった．しかも，人情に厚かった．

大学卒業後，彼は流通業界に就職した．それから約20年——昨年，彼は，クモ膜下出血で倒れた．

その後，リハビリを繰り返した後，ようやく復職できたが，職場は異動になった．

今では，加藤氏は，午後6時には退社し帰宅する．自宅で子

どもたちと話す時間ができて良かったという．彼は，仕事をバリバリしていた時とは別の満足感を持っていた．

　さて，リチャードのような「勝者」と「敗者」の意識に縛られ，「勝者」「敗者」という二分法で人間を測る人は，流通業界で仕事をしている加藤氏を「敗者」に位置づけるだろう．
　加藤氏は「敗者」だろうか．
　「イエス」
　現在のグローバリゼーションを支えている価値観や考え方を物差しにすれば——．
　アメリカ的価値観が支配的な現在のグローバリゼーションでは，競争は，良いものを生み出す原動力として受け入れられている．競争の結果は，「勝ち」か「負け」である．人々は「勝者」「敗者」の意識に縛られて生きていかなければならない．
　それは幸せなことだろうか．
　たとえ，「勝者」になったとしても，いつまでも勝ち続けて行かなければならない意識の重荷がある．「負け」は，敗残の屈辱感を「敗者」に植えつける．しかも，「敗者」の数が圧倒的に多いのは，周知の事実である．そして，勝ち負けという物差しでしか測れない人生は，精神的豊かさをもたらすであろうか．
　筆者たちは，「勝ち組」「負け組」の意識に縛られる生き方では，心の豊かさは失われると考えている．

加藤氏は，病気を機に，豊かな生き方を実現したと自分で思っている．それは負け惜しみではない．負け惜しみと考えるのは，勝ち負けの意識から解放されていない．負け惜しみと捉えるのは，「競争呪縛型人間」のすることである．

　第3章では，そのようなアメリカ主導の現在のグローバリゼーションに代わり，新しいグローバリゼーション──ネオ・グローバリゼーションについて提案した．そして，日本の合併企業が真のグローバル企業に成長し，サバイブしていくには何が必要かについて考えた．

　第4章では，ヒアリング調査の結果に基づきながら，異文化論と心理学で用いられる理論や概念を使い，「企業異文化シナジー」の研修プログラムを開発した．プログラムの目的は，合併企業で働く社員の心や意識の底まで入り，彼らの心の葛藤を和らげ，早期に「勝ち組」「負け組」の意識を弱くすることである．また，社員の心理的抵抗の壁を低くし，効果的なコミュニケーションを促進することも狙っている．

　このプログラムは，合併企業で働いている皆さんに，個々人のレベルでやって頂けるように創ってみた．特に，合併した相手企業の文化（仕事のやり方，考え方，価値観等）との違いに戸惑いを感じたり，苦しんでいる読者の方には，是非ともお試し頂きたい．

　また，このプログラムは，合併企業で働いている社員のみを対象にしていない．転職をし，新しい企業文化で仕事をしてい

る人たちや転職をした人たちを受け入れる側の人たちも応用できるようになっている．

　第5章では，企業異文化ファシリテーターについて述べた．今後，合併を視野に入れている企業は，企業異文化ファシリテーターの知識やスキルに関する教育訓練を実施する必要がある．合併をしてみたが，社員の心や意識のシナジー効果が上がっておらず，人間関係がギクシャクし，社員間のコミュニケーションが円滑になされていない企業は，企業異文化ファシリテーションチームの設置が急務である．

　企業合併は，正に，「異文化」同士の合併である．現場では社員が，合併した相手企業の文化との相違に苦しみ，「合併ストレス」を感じながら，業務に追われている．その苦しみはトップの理解の範囲を超えている．

　本書が現場で働く社員の心と意識の問題解決にお役に立てば幸いである．

目　次

序　i

第1章　合併企業で働く社員の心理　1

事例研究　10
- 銀行　「勝ち組」　10
- 銀行　「負け組」　22
- 損害保険　「勝ち組」　33
- 損害保険　「負け組」　35
- 損害保険　広報部　41
- 石油　「勝ち組」　43
- 石油　「負け組」　44
- 石油　人事部　48
- 化学　「勝ち組」　50
- 化学　人事部　53
- セメント　人事部　54
- 通信　「負け組」　56
- 製紙・パルプ　企画・管理グループ　58
- ファースト・フード　「勝ち組」　59

第2章　心理的視点と異文化的視点からみた企業合併　62

「強者」対「弱者」の意識　63
企業文化の相違　68
心理的抵抗　85
ステレオタイプとカテゴリー化　89

第3章 合併企業とグローバリゼーション──合併企業が真のグローバル企業になるためには── 92

現在のグローバリゼーションとネオ・グローバリゼーション 92
グローバル企業とは 99
合併企業がグローバル企業に成長するには 103

第4章 「企業異文化シナジー」のプログラム 106

企業合併におけるシナジー効果（相乗効果）とは 107
合併企業にみられるシナジー効果のねじれ現象 111
合併企業で働く社員のための自己分析（I） 112
合併企業で働く社員のための自己分析（II） 115
企業文化に対する気づき度（認知度）を高める 116
合併企業で働く社員のための自己分析（III） 118
企業文化と"適切"な行動 119
企業文化とシナジー 120
DIE 分析 122
合併企業における内集団対外集団の意識 124
合併企業で働く社員のための自己分析（IV） 127
合併企業にみられる集団思考の罠 128
合併企業で働く社員のマインドレスな状態 131
合併企業で働く社員がマインドフルになるためには 134
合併企業で働く社員のための自己分析（V） 137
「強者」と「弱者」の意識がもたらす心理的悪循環 138
合併企業にみられる社員の心理的抵抗 139
心理的抵抗を突破するには 143
心理的抵抗を生みやすい否定的な言い方 144
心理的抵抗を防ぐ肯定的な言い方 146
心理的抵抗を防ぐ効果的なフィードバック 146

目　次　xiii

第5章　企業異文化ファシリテーターとは　147

　　企業異文化ファシリテーターの役割　148
　　コンフリクトの対処法スタイル　153
　　コンフリクトの対処法　159
　　合併企業で働く社員のための自己分析（VI）　161
　　合併企業で働く社員のための自己分析（VII）　163
　　企業異文化ファシリテーターの選出　164
　　企業異文化ファシリテーションチームの設置　165

参考文献　167

あとがき　169

索　引　172

第1章　合併企業で働く社員の心理

　企業合併に関するヒアリング調査を依頼した際，某銀行人事部研修担当者はこう回答してきた．
　「弊行では，行風の違いを意識せずに，"自然に融合"できましたので，特にお話しするようなことはございません」
　取り付く島もないとはこのことだ．しかし，実際のところ他の行員から複数の違った証言を得ていた．
　「そんなことないでしょ」と言いたかった言葉を呑み込んで，「そうですか．では，また何かありましたら」とだけ言って受話器を置いた．

　これまで多方面にわたってヒアリング調査を実施してきた．その対象者は，海外駐在経験者や海外駐在員で，彼等は異文化環境で文化的背景の異なる現地従業員と仕事をしていく上で，どのような問題に直面し対処してきたかについて語ってくれた．国籍は，日本人，アメリカ人，オーストラリア人，タイ人，中国人，インド人等であった．日本人駐在員や日本人駐在経験者は，明るい雰囲気の中で苦労話をしてくれた．「何を話せばいいのかなあ」と言いながらも，口は滑らかであった．少々自慢げな話を聞くこともあった．タイでヒアリング調査を行った際は，ある日本人マネジャーは，現地従業員のチームワークが欠

けている行動について不満をこぼしながらも，その態度にはゆとりが感じられた．

しかし，企業合併や統合に関するヒアリング調査に限って言えば，様子がかなり違っていた．

何よりも，人事担当者とアポイントメントをとるのが非常に難しかった．そこで，人的ネットワークを駆使して，アポイントメントをとりつけ，ヒアリング調査までこぎ着けたのだが，その雰囲気は重く，暗かった．調査の最中に何度も「これ以上お聞きするのは申し訳ない」という気持ちになった．質問する度に，「大変失礼なことをお聞きするかもしれませんが」と前置きをして敢えて質問させてもらった．ヒアリング調査中，長い沈黙が続いたこともあった．そのような時は，相手と視線を合わせられなかった．

外に対するガードは，これまでのヒアリングとは比較にならないほど堅かった．それを何とかしてかわしながら聞き出さなければならなかった．調査中，タイに進出している日系企業で働く現地従業員を対象にヒアリング調査を実施した時のことを思い出した．彼等はヒアリング調査の結果が人事考課に影響を与えるのか，ヒアリングの内容が上司に伝わるのか，匿名か等を心配し，これらのことを明確にしない限り，口を開こうとはしなかった．

いや，この企業合併に関する調査の方が，関係者のガードは堅い──合併に携わっているある損害保険会社の人事担当者が会

ってくれるというので本社を訪れた．研究の意図を再度説明した後，これまで他社の方にインタビューしてきたものと同じ質問すると，「守秘の義務がありますからお答えできません」の一点張り．

　質問前のフレンドリーな態度からアンフレンドリーな態度への豹変ぶりに驚くばかりであった．この時は，質問の仕方や内容を変えても聞き出せず，空手で研究室に戻った．

　こうなったら，あの手この手で突破である．

　2002年に合併する損害保険会社の3社が，入社を希望する大学生を対象に，社員との自由な意見交換のためのオープン・フォーラムを開くことになった．例の損害保険会社もその1社に入っている．このフォーラムに損保志望のゼミ生を送り込んで質問をさせた．

　「3社の社風の相違について聞かせてください」

　中堅の社員が応えた．

　「皆さんは，そのようなことは気にする必要はありません．新しい社風を作ってください」

　この学生が続けて質問した．

　「企業文化の融合には何年ぐらいかかると思いますか」

　「まず大きな目標があってそれに向かって行くので，そのようなことは考えていません．もう何度も会って交流をしているので，各社の強みを発揮してシナジー効果を出せばいいと思っています」

しかし，その交流の仕方が問題なのだ．それによって，シナジー効果が出るか出ないかが決まるということをこの人事担当者たちは理解しているのだろうか．

この企業合併については，今後の展開をフォローする必要がある．

オープン・フォーラムの終了後，回答した社員が質問したゼミ生に近づいてきてこう言ったという．

「企業文化の融合について学生から聞かれるなんて思ってもみなかったので，準備をしてこなかったよ」

企業合併が失敗する理由は，度々次のことを理解していないからであるとJ・ワング（2001年4月にアメリカ・メリーランド大学で開かれた"国境のないリーダーシップ"の研究会での講演）で語っていた．

1．すべての企業が独自の文化を持っている．
2．文化を統合することは挑戦である．
3．文化を理解していないことと，合併や買収が度々失敗する主な理由に文化があるということを認識していない．
4．価値観が文化を形成する主な要素である．

上の4項を復唱して頂きたい．
この4項が企業の合併や買収を成功させるために理解すべき

ファクターであるとワングは言うのだ．

　ヒアリング調査を実施してみて，この内，特に，3番目の点が重要であると感じた．これから紹介していくほとんどの事例でみることができるように，合併後には，企業文化の衝突がおこる．言い換えれば，異なった考え方，やり方，価値観の衝突である．そして大抵の場合，その考え方は効率や業務遂行に負の方向に働く．

　日本国内では合併や統合に，生き残りをかけようとする企業がみられるが，大手製薬2社のように企業風土の相違から撤退を発表した企業もある．この2社は，賢明にも，合併の成否において企業文化が重要なファクターであると認識したのだが，この点をはっきり認識している企業は少ない．大手旅行会社のトップは，合併を撤回した理由としてリストラをめぐる認識の違いに加え，「統合につき物の企業文化の違いもあった」と述べている．

　大手損害保険会社のトップは，合併した相手企業と「文化が大きく違ったからこそ一緒になりやすかった．まったく異なる文化をくっつけて新しい文化にしてしまえばよかったのです」と語っている．また，シナジー効果に関して，「1プラス1が，実務レベルでは2.5ぐらいだが，気持ちや気迫の上では5」と言っている．しかし，ヒアリング調査の結果によると，合併後，考え方や価値観の相違からコンフリクト（衝突・対立）が現場で生じ，心理的シナジー効果はみられない．

話を企業合併の調査に戻そう．企業合併や統合に関するヒアリング調査では，不確実性を感じざるをえなかった．ヒアリング調査の結果を分析している内に，状況は変化していった．たとえば，合併をしたある銀行の行員を対象にヒアリング調査を実施し，調査結果をまとめていると，その新会社は，再度，他の銀行との合併を発表した．3社の損害保険会社の合併を調査しているところに，内1社がアメリカでの同時多発テロの影響を受け倒産してしまったという報道がなされたこともあった．
　次のようなエピソードもあった．合併した企業に勤めている人を紹介してもらうために知人にコンタクトをとった時のことである．
　「企業合併についてヒアリング調査をしているのですが，どなたか合併した企業でお仕事をしていらっしゃる方をご紹介頂けませんでしょうか」
　「合併した企業で仕事をしている人ですか．そうですねえ．うーん，申し訳ありませんが，私の回りには心当たりはないですねえ」
　数日後に彼が勤めている企業は，合併を発表した．
　すぐにコンタクトをとってみた．
　「驚きましたよ．噂はありましたが，私もニュースで知りました」

異なった社風，社歴，職場環境，ものの見方や考え方，仕事の進め方等に慣れ親しんできた社員の心や意識を融合することは，困難な課題であるかもしれない．また，社員の心や意識の融合ができなくても，店舗，商品，システム等の統合により経営効率が高まり，合併企業が生き残れば，その必要性は低いかもしれない．

しかし，効率を追求する企業優先主義に基づいた合併は，果たして社員に幸せをもたらすであろうか．企業は，生き残りをかけ経済的効果を求め合併するが，ヒアリング調査の結果をみると，合併の弊害も見逃すわけにはいかない．特に，社員側からみると，それは大きいと言わざるをえない．たとえば，合併は，事前にも事後にも社員に不安と士気の低下をもたらす（図表1・2）．合併した社員同士が円滑なコミュニケーションがとれず，テリトリー意識を強く持っている合併企業もあった．合併後，相手の社員と仕事に対するやり方や考え方が異なり，指示・命令を出しても思うように働いてくれず，吸収された側の社員から心理的抵抗にあっている吸収した側の社員もいた．「合併ストレス」を感じ仕事をしているのは，吸収された「弱者」のみならず，吸収した「強者」も同様なのである．これまでのやり方や考え方を頭から否定されてしまうのは，その人にとってみればこれまでの人生を否定されてしまったのと同様である．

図表1　合併企業で働く社員の心理（合併前）

不安
人事面
・「自分の首が切られるかもしれない」
・「給料が下がるかも．子どもがまだ大学2年生なのに」
・「降格になるかもしれない」
・「合併する相手企業の社員が上司になったらどうしよう」
・「公平に評価されるだろうか」
業務面
・「この歳で新しいシステムを覚えられるだろうか」
・「相手の規程に従わなければならないのだろうか」
・「この歳で新しい人脈をつくる気にはなれない．どうしたらいいのだろう」

図表2　合併企業で働く社員の心理（合併後）

コミュニケーションの不全
・「いい加減なやつらだ」
・「拾ってやったと思っているんじゃないかなあ」
・「うちにもいいところがあるんだ．頭から否定するなよ」
・「うちのやり方に合わせろ」
・「ここはうちのテリトリーなのに」
・「あいつらに主導権をとられてたまるか」

　企業合併ではシナジー効果を期待するが，このように社員の心理的な側面を見る限り，「負」のシナジー効果が目につく．

　企業合併においては何をもってシナジー効果が出たというのであろうか．合併のシナジー効果は，企業合併において数値に出てくる経済的効果といった顕在化したシナジーと心や意識の融合がもたらす潜在化したシナジーに分かれる．

　そこで，異なった企業文化出身の社員間のコミュニケーショ

ンを円滑にする「企業異文化シナジー」のプログラムを開発するために，企業合併や統合を経験した企業や，今後，合併や統合を予定している企業で仕事をしている社員を対象に，心理的な側面に焦点を当てながらヒアリング調査を実施してみた．

調査対象となった業界ならびに企業名は以下の通りである（図表3）．

その際，いわゆる，吸収した側を「勝ち組」，吸収された側を「負け組」として分類した．それは，調査対象となった人は，この集団のどちらかに自分をカテゴリー化しているからだ．この二つの集団へのこだわりが調査全般を通してはっきりと現われ，それが新会社での企業文化の統合に対する阻害要因となっている．

図表3　ヒアリング調査の対象となった合併企業 (注1)

業界	「勝ち組」	「負け組」	人事部 広報部 企画・管理グループ (注2)
銀行 (注3)	A行 C行 E行 Gクレジット I行 L行	B行 D行 F行 G行 H行 J行 K行 M行	人事部
損害保険	N社 R社	O社 P社 Q社	広報部
石油	S社	T社	人事部
化学	U社	V社	人事部（W社）

セメント			人事部 （X社）
通信	α社	β社	
製紙・パルプ			企画・管理 （γ社）
ファーストフード	η社	ζ社	人事部

（注1）「勝ち組」と「負け組」の双方にヒアリングを行った．ただし，明確に区別できない企業もあった．
（注2）第4欄は，人事部，広報部，企画・管理グループにヒアリングを実施したものである．
（注3）銀行に関しては，系列系カード会社も含む．

事例研究

銀行 「勝ち組」

事例1

　2000年1月にA行とB行が合併した．A行は財閥系で歴史がある．一方，B行は歴史も浅く規模も小さいが，証券代行業務では上位を占めてきた．

　合併後，A行出身の岩下義明（仮名）氏は，B行の行員と仕事をしている．話し好きで明るい性格の岩下氏によれば，A行の行員はお坊ちゃんが多く，行風は競争心に乏しい．新しい商品の開発をしないで先頭ランナーの模倣をする．行内の風通しは良く，部下が上司に向かって意見を言える雰囲気がある．一方，B行は，A行と比べると上下関係が厳しい．その上，裁量も少ない．

　「合併委員会に参加した時，B行の行員は部長の机の位置を

決めるのに，一旦，持ち帰って上司にお伺いをたてていました．笑ってしまいました」

　合併してみると両行の行員の話から，両行のトップが異なった説明をしていることが明らかになった．合併前にA行のトップは，A行がB行を，B行のトップは，B行がA行を吸収すると行員に説明をしていた．

　「両行の行員は，互いにプライドが高く合併効果が上がっていません．トップも保身に走って決断ができないし，決断しても遅いし．表向きだけのヴィジョンはありますが……」

　そこで，岩下氏は，IT（情報技術）の知識の習得，専門分野の深化，語学力の向上等，外資系への転職も視野に置いて，自分自身の生き残りのために準備を進めている．

　岩下氏が勤務している本部のあるセクションでは，A行の行員が多数派で，A行の行風が強い．しかし，岩下氏によれば，人数よりもどちらのシステムを採用するかが重要である．

　「幸いなことに，運用システムはA行のものを使用しています．A行が業務の主導権を握ることができました．B行の行員は大変でしょうね」

　「部長は，A行出身で身内を可愛がります．B行の行員を色眼鏡でみます．職場ではA行とB行の行員が旧行同士で固まっています．私が，B行の行員と親しくしていると，A行の行員から『何だあいつは』といった目で見られる時があり，やりにくいです」

合併後の職場では，岩下氏は，変化をそれほど感じていない．というのも，前に触れたように人数的に多数派であり，自分が慣れ親しんだシステムを継続して使用しているからである．逆に，B行の行員は，A行のシステムに対応していかなければならないという不利を被っている．

　岩下氏は，合併効果を得るには「弱者」が「強者」に合わせることが重要であると考えている．

　「融合によるシナジー効果は二の次です」

　岩下氏の観察によれば，B行の行員にも変化に対応できる行員がおり，彼らに共通する特徴は，気持ちの切り換えが早いという点である．

　「逆に，A行の行員が自己変革に遅れるのではないでしょうか」

事例2

　C行と合併する前に，D行は合併を経験している．そのD行の相手だった銀行もはるか以前に合併してできた．

　「D行の行員が私にD行の出身ですと自己紹介するのです．奥さんも主人がD行の出身ですと言います．どこの出身かなんて気にしませんよ．C行の人間は，自分たちが『勝ち組』だと思っていますから．それにどこの銀行出身だなんていう時代でもないですし」

　C行出身で物事をはっきり言うタイプの吉村賢一（仮名）氏

の現在の部署は，彼を除いた10名が全員D行出身の行員である．

「とにかく気を使うから疲れます．自分のやり方を良しとしてきましたが，それが間違っているのではないか．もっと良いやり方があるのではないか．どのように，（D行の行員が）私のやり方を受け止めているのか．遠回しに聞きながら確認していかなければなりません」

吉村氏は同じ業界なので行風の相違は大きくないと思っていたが，以下のような点でC行はD行とは大きく異なる．

たとえば，C行はアグレッシブで考えるよりもアクションをおこすことを評価する行風がある．一方，D行には，伝統的な銀行のイメージがある．つまり，慎重でじっくりタイプ．上下関係もC行と比べると厳しい．また，仕事のやり方にも相違がある．C行では電子決裁等ペーパレス化が進んでいる．その他にも，"担当者に仕事を任せてくれる"．昇進の年次が若いといった特徴がある．吉村氏と同期に入行した行員は，C行では中堅社員として活躍しているが，D行では"下働き"である．

「新会社はリスクテイキングの行風です．つまり，C行の行風です．人事制度もC行に合わせているので，変化したとは感じていません．その他にも，C行には金融ソリューション室という組織が本部と支店の間にありますが，D行にはありませんでした．新会社ではD行の行員も金融ソリューション室で働いています」

吉村氏はすべてをC行のやり方に合わせると，D行の行員から不満が出るので，双方のやり方を残しておくメリットもあるのではないかと考えている．

事例3

「彼等にとってはカルチャーショックが大きかったのではないですか．私はあまり変化を感じていません」

E行出身の山中孝志（仮名）氏によれば，合併後，F行の行員は，E行の仕事のやり方や考え方に合わせていかなければならなかった．しかし，緻密な印象を与える山中氏は，すべてにわたってE行のやり方が効果的であるとは言えないと思っている．

「F行の発想は，柔軟性があります．たとえば，稟議についてですが，E行では，一つの案件を複数の人間で審査していました．F行は，この人が取り上げてきたものだから間違いがないとして決定していたのです．書類ベースで進めているE行とは違い，意思決定にもスピードがあります」

山中氏によれば，E行の行風は，オーソドックスである．前例に従い，異例なことはやらない．山中氏は先輩から「王道を行く」「銀行道を行く」ように指導された．与信判断の審査も厳格を極めている．その結果，他行との競争に負けても仕方が無いという雰囲気がある．

「F行の行員の中で変化に対応している人は，コミュニケー

ションがとれる人です．F行の考え方をE行の人間に説明ができる人です．その上で，相手の考え方も尊重できる人は，変化に対応しています」

山中氏は，合併効果を早く発揮するには，それぞれの得意分野を特化することが重要であると考えている．

事例4

前の山中氏と同様，E行出身の小川和弘（仮名）氏は，E行の行風を取引が慎重で，審査基準が厳しく，堅実であるとみている．誰からも好感を持たれるような小川氏は，合併後の新会社の行風はE行色が強いので，特にこれに対する違和感を持っていない．

自分の年齢からして一番興味深いためか，小川氏は係長への昇格について語ってくれた．

F行では係長への昇格の比率は9割であった．一方，E行は3割しか係長に昇格できなかった．合併直後は，この相違を調整するために，7割を係長に昇格できるようにした．しかし，現在では，係長への昇格の比率は，旧システムの3割に減じられた．

小川氏は，E行の支店に勤務している．支社長を除き，すべてE行の行員である．当初，F行から支社長が来ると聞いた時は，仕事の進め方や方針が異なるのではないかと不安になった．しかし，その不安は払拭された．というのは，このF行

の支社長が，業務遂行志向が強く，E行の行風と類似していたからである．

小川氏は言う．

「合併効果を早く出すには，『強者』と『弱者』に分かれ，『弱者』が『強者』の方針や仕事のやり方に合わせる．あるいは，得意な分野で棲み分けをするのがベターです．スピードが要求されますから．融合には時間がかかります」

彼によれば，合併して5年が経過し，一時的な合併効果は出てしまった．現在，次のステップを模索しているという．

事例5

同じくE行出身の遠藤義孝（仮名）氏によれば，E行の行風は，官僚的，堅実，議論好きであった．前の2例においても，E行の堅実さが指摘されていた．ただし，意思決定のスピードが遅い．一方，合併したF行のイメージは，自由闊達であった．合併をして5年が経過したが，新会社の行風は，E行に近い．堅実で議論好きだが，意思決定のスピードに欠ける．

遠藤氏はF行の行員と仕事の進め方が相違する点があることを発見した．F行は，意思決定のスピードが速い．たとえば，一つの融資案件を取り上げる際の稟議の手順である．F行には，「口頭稟議」が存在する．ある案件が持ち上がった際に，案件の担当者が支店の行員を前にして，口頭で案件の内容を説明した後，その案件を取り上げるか否かの議論をした．議論の結果，

取り上げることが決定すれば，議事録に残し稟議とするものであった．

さらに，業務マニュアルの量は，E行とF行の間には愕然たる差があった．E行の業務マニュアルの量はF行のそれを圧倒していた．

「システムインフラについてですが，両行の長所を融合しようとすると，大きな混乱をきたします．ですから，どちらか一方に合わせるほうが，スムーズに進みます．ただし，システムを採用されなかった行員側に不公平感が残ることも事実ですね」

事例6

行動派の星野伸一（仮名）氏はGクレジットに出向している．親会社の統合に伴い，他行のクレジット子会社と統合することになった．星野氏はその統合計画に参加している．

星野氏によれば，Gクレジットには自由闊達な雰囲気がある．

たとえば，Gクレジットには「ボイス制度」があり，正社員とパートタイマーが不満や改善案等を企画部に寄せることができる．月に約6千通の意見が寄せられ，これらの意見を企画部のみならず，社長（本体常務）も目を通し，社員の声に基づいて業務の改善を実施している．

Gクレジットでは，本体への役員に対する報告は，常務クラスに対してまでは，30代前半の星野氏を含めた若手の行員が

行っている．

　また，Gクレジットでは，親会社に提案をすることができる．一方，統合するHクレジットでは，親会社の部長が子会社の統合会議で発言する．星野氏によれば，Gクレジットと比べ，Hクレジットの社員数は少ないし，権限委譲もGクレジットほど行われていない．

　さらに，Gクレジットは，子会社であるにも拘わらず，第二の人生の場ではなく，若手の行員も出向してきている．その上，本社で出世しなかった行員にも昇格制度があるので，モチベーションが高い．

　社長自らが現場に顔を出すところにもGクレジットの自由闊達な社風がある．

　星野氏が子会社の統合会議から察するHクレジットの親会社の行風は，官僚的である．H行は以前合併の経験があり，合併後，行内で「勝ち組」と「負け組」に分かれ，「勝ち組」の官僚的な行風が残った．星野氏からみると，「負け組」を経験した一部のHクレジットの親会社の行員は，この統合によってGクレジットの親会社にも負ける可能性があることに懸念を示し，二度も「負け組」にならないように抵抗しているようにみえる．

　約1年の説得の末，新会社ではローンの審査に，Gクレジットのシステムを採用することが決まった．星野氏によれば，Hクレジットは，Gクレジットのローン審査システムのように，

ロジックに基づいたシステムは存在しなかった．Hクレジットの親会社の行員は，長年，養ってきたプロフェッショナルな目で判断すれば良いと主張した．特に，前回の合併で「負け組」となったH行の行員からの抵抗が強かった．すぐ上にも書いたが，彼等は統合により二度「負け組」を経験することを避けたいからであると星野氏はみている．

2002年4月に統合をすると，Hクレジットの行員の中に変化に対応できない行員がでてくるのではないかと星野氏は考えている．

事例7

Hクレジットの親会社であるH行の飯田洋次（仮名）氏は，2002年4月の統合を控え，心のうちを語ってくれた．

まず，統合する3行は，ともにプライドが高いので統合が困難ではないかと懸念を抱いている．

また，人事考課で部下の力が均衡していた場合，どちらの出身行の行員を昇格させるかという問題の可能性も無視できない．H行は以前合併を経験しているが，支店長が彼の出身行と関連した不動産会社を使い問題になったケースがある．

さらに，統合する3行の行風が相違する．議論好きな飯田氏からみると，Gクレジットの親会社であるG行は，無担保でも貸すケースがあり，審査基準が甘い．統合を前に企業の格付を3行で統一したが，格付が甘くなった．飯田氏はG行の影

響であるとみている．H行は，二番手商法で追随型，K行は頭でっかちで，営業力が弱いというイメージが飯田氏にはある．彼は，統合を目前にした今でも，同じ都市型銀行であるG行と統合する意味が理解できないという．

　飯田氏は，出身行の意識を変えていくには，統合後に入行してくる新入社員を鍛えていく必要があると感じている．H行が合併した際にも同様の方法をとった．

　「我々は部品です．何十年も同じ行風で仕事をしてきた人に，急に変えろといっても無理です」

　飯田氏は統合に伴う変化に対し不安を隠せないようであった．

事例8

　爽やかさと気の強さが混合しているような酒井達郎（仮名）氏は，I行出身である．I行とJ行が合併してすでに10年以上が経過している．

　「合併の話は，マスコミを通じて知りました．ですから少ない情報で，J行の行員について憶測して思い込んでいました．合併をする前に同期と飲んだ時の事を今でも良く覚えています．J行の行員は，のんびりしているだろうと憶測で話をしていました．まったく交流がなかったので，憶測で判断することしかできなかったのです．ところが，J行と人事交流をしていた同期が，怒って『憶測で物を言うな』と怒鳴ったのです．彼は，普段は癇癪を起こすような性格ではなかったので，合併して

10 年が経ちましたが，その時の事を良く覚えています」

　酒井氏によれば，J 行は地盤があり，その結果，顧客の獲得にあくせくしなくてすむため，一般的な傾向としてのんびりしている．一方で，県の指定金融機関になっており殿様商売ができるので，行員はお高く，自意識が強い．これに対して，I 行は，都市型の銀行で地盤がなく，行員はアグレッシブなところがあり，ノルマを達成しようとする意識がある．

　合併後，酒井氏が勤務している I 行の支店に，J 行の行員が異動してきた．この行員は，正に酒井氏が描いていたイメージ通りの行員で，のんびり型であったので，J 行の行員についてのイメージは益々強化されていった．

　その後，酒井氏は支店長代理として J 行の支店に配属された．そこでは，支店長，一般事務職の行員と彼を除くと，すべての行員が J 行出身の行員であった．

　「I 行では，窓口業務は一般職の女性が担当しますが，J 行では総合職の男性が担当していたので不思議な感じがしました」

　また，I 行では関連会社への出向は，相当な年次者でないと異動発令がなされなかったが，J 行では酒井氏と同年の行員でも異動があった．

　「J 行の寮に入ったら，10 キロもやせてしまいました」

　「すべての J 行の行員が，自分が思い込んでいたようなイメージではないということに気づきました．しかし，一般的な傾向としては J 行の行員はおっとり型でしたけれど．お客さんも

おっとりしていました．行員よりもお客さんの方が，どちらの銀行の出身か気にしていました」

事例9

　ニューヨークに駐在経験のある大谷貴大（仮名）氏は，アメリカ同時多発テロのショックを隠しきれなかった．

「持ち回りで会議をやっていましたから．世界貿易センタービルにあるG行さんの会議室にも行きました．あの建物がなくなってしまったなんて，とても信じられません」

　2002年の統合を前に，L行の大谷氏は合併する相手企業の人事担当者と採用の仕事をしている．

「（統合する相手企業の行員との間に）コンフリクトが生じたら，顧客志向ですかと尋ねることにしています」

　つまり，顧客志向をキーワードに融合しようとしている．

　大谷氏は，企業文化に関しては，どちらかの行風が強くなると思っている．

「企業には文化があります．それが，行動に反映されるのです．ですから，どのような行動が適切か考えて行動しています」

銀行　「負け組」

事例10

「E行はマニュアルの文化です．分からないことがあるとマ

ニュアルを読んで理解します．つまり，ノウハウの文化です．F行では，分からないことは，マニュアルを読まなくても，人に聞けました．誰を知っているかが重要でした．つまり，"ノウフー"の文化だったのです」

F行出身の河合陽一（仮名）氏は，合併によるシナジー効果が出ているのか疑問を抱いている．合併前は，国内業務に強いE行，海外業務を専門とするF行の合併は，互いの短所を補うと期待されていた．

しかし，ユーモアを交えながらも要点をずばりと言う河合氏によれば，合併による「負の作用」が大きい．たとえば，合併に伴うポスト削減のため，両行が進出しているロンドン，ニューヨークでポストを巡り主導権争いが生じた．合併により，デリバティブの収益率が他行に抜かれた．さらに，ポスト削減，減給，降格等により，モチベーションが下がっている行員が目に付く．

F行の行員の中には，E行の支社長から「存続会社がE行なので，E流にやってもらう」と言われた行員もいる．

「合併して本当に良かったと言っている話を聞いたことがありません」

国内志向のE行と海外志向のF行の合併は，一見，「正」のシナジー効果を発揮しやすいと思われたが，両行の行風はかなり異なっていた．河合氏によれば，E行は，国内志向，マニュアル志向で，コストに厳しい．一方，F行は，まったくと言っ

て良いほど対照的である．人事制度もその例外ではない．F行では，8年目でほぼ全員が役職に就くことができた．これに対して，E行では，3割しか役職に就けない．河合氏は，両行の人事制度の相違は，「性善説」と「性悪説」に基づいているとみている．

また，河合氏によれば，E行とF行では顧客に対しサービスを誠心誠意やろうという心構えが相違するという．その主たる原因は，F行は国内の店舗数が，E行の約100分の1であった点にあるのではないかと河合氏は考えている．

「F行では，貸し付けカウンターでお客さんが預金をお願いしても，快く受け承りました．しかし，E行は，『あちらに行ってください』と言うのです」

河合氏は，合併が両行にとって「負」のシナジー効果になっているとみている．

事例11

「多段階にわたってレポートがチェックされるようになったのです．F行では室長一人がレポートをチェックしていましたが，合併してからは，調査役，次長，部長がチェックするようになりました．行内に対する情報提供なのですが，表現を断定しないで書くように言われました．こういう見方もあるし，他の見方もあるというように．しかも文体まで決められてしまいました．F行では文体は自由でした．文体は個性ではないです

か」

　金子みどり（仮名）氏は，物事を断定的に言うタイプである．
　金子氏は，合併後，2年半勤務し退職した．
「企業文化が随分違っていました」
　彼女によれば，F行は個人の能力や個性を重視していたが，E行は組織力に重点を置いていた．
　F行とE行の女性行員の能力の差も大きかった．
「E行の女性行員は自分で考えて仕事をするように教育されていませんでした．E行は合併により（E行の）女性行員のレベルが上がると考えていたようですが」
　F行では女性行員の転勤があったが，E行では約20年間もある支店の窓口で定期の業務に携っている行員がいた．E行は「私はこの部分しか分かりませんと言える文化」であった．
　興味深い点は，金子氏が，F行は「性善説」，E行は「性悪説」に基づいた管理方法がとられていたと感じたことである．この点は，前の事例の河合氏の指摘と合致している．
「ATMの後ろで行員がお金を入れるのですが，そこに行員を監視するための防犯カメラがあったのです．驚きました」
　金子氏によれば，E行には小さな不正が多かった．不正を行うと人事通達を受けた．一旦，マイナス点がつくと敗者復活ができなかった．また，入行の段階で幹部候補生か兵隊か区別されていた．幹部候補生は山の手線の内側の支店に配属されていた．

「これではモチベーションが上がりませんし，不正も起こります」

金子氏からみるとＥ行の行員にはモチベーションの低い行員が目立った．この点も前の事例と一致している．

さらに，部署の文化も相違していた．

合併前に金子氏が勤務していた部署は，研究に向いている専門家を集めた集団であった．その集団に所属していたからといって，幹部への昇進が見込まれている訳ではなかった．一方，金子氏が勤務していた部署に相当するＥ行の部署は，エリート集団であった．行員はこの部署を登竜門と捉えていた．

「頭取にこの部署出身者が多いとＥ行の行員からよく聞かされました」

マニュアルの量に関しても相違があった．

Ｆ行ではマニュアルは原則のみが記載されていた．Ｆ行は行員に考えさせる文化であった．一方，Ｅ行には整備された膨大なマニュアルが用意されてあった．

「Ｅ行は，まだマニュアルが足りないようなことを言っていました」「Ｆ行では事故が起きたら，自分で考えろということです．マニュアルを読んでも理解できないと，本部に尋ねているＥ行の行員がいましたが，私は恥だと思っていました」

時間の概念に関しても相違があった．

Ｆ行では残業をする人は能力がないとみられていた．勿論，経営企画部や人事部等のような部署では残業が多かった．案件

を抱えている場合も残業を余儀なくされていた．一方，E行では遅くまで残ることに価値を置いているようだった．

「自分の上司よりも5分前に来て，上司よりも5分遅れて帰るのです」

金子氏からみると，E行の文化は「滅私奉公」という言葉があてはまる．

最後に，一見，些細なことのように思えるが，日常業務で重要なのが呼び方であった．

F行では，部長も課長も「さん」づけで呼んだ．頭取も「さん」であった．一方，E行では役職名で呼んでいた．

「F行出身の人がE行出身の上司を『さん』づけで呼んでしまい，呼ばれた人の気分を害してしまったといったケースがよくありました」

これも事例3でみた格式を重んじる文化か否かが背景にある．

少なくとも以上のような企業文化の相違がE行とF行の間にあった．

金子氏は，終身雇用がベースにあり，特定の企業文化の中で育ってきた日本人は，合併後，これまでの仕事のやり方や考え方を捨てるのは困難ではないかと考えている．

「企業文化の衝突は当然です．アメリカの方が，個人の価値を売って転職するので企業文化の衝突は少ないのではないですか」

彼女の知人でF行を退職した女性行員は大学教員やコンサ

ルタントになっている。外資系の金融機関に転職した女性もいる。

「F行を退職した女性は，自立しています。これはF行が人材を育ててきた証拠ではないですか」

事例12

「今回，統合の仕事に関わって気づいたことですが，日本では人事が後回しになってしまうのです。アメリカではヘッドを決め，その人が責任を持って組織を創っていきます。日本は，前もってトップの人事を語るのはタブーになっていますから，アメリカとは逆で，組織を決めてから人事を決めるのです。新しい頭取もまだ決まっていないし。トップの強いイニシアティブがとれていないんです。統合に時間がかかるのは，この差によると思います」

留学経験があり，長い海外経験を経ている高杉一郎（仮名）氏は，冷静な目で3社の統合をみている。

「倒れないために統合をやらざるをえないのです。統合の効果を表す数字が出ても，大した意味はありません」

すでに3行の行員と同じ部署で仕事をしている高杉氏によれば，違和感を強く感じたことはないが，行風の違いは明確に存在している。たとえば，K行の行員は，特に官庁との結びつきが強く，これまでの規制によって守られてきたせいか，のんびりしていて，仕事のペースが遅い。今回の統合は，K行の

救済という意味が強いのにも拘わらず，プライドが高すぎる．

「G行とH行は商業銀行ですからね」

H行は，以前合併を経験しているが，未だに融合がうまく進んでいない．内部に外部者がいるような雰囲気がある．H行の行員は，後で責任を追及されないように，書面に残して仕事をする習慣がある．高杉氏によれば，G行では担当者同士で話し合って仕事を進めていくこともある．H行では，部長に「お伺いし」，部長から他の担当者に指示が出されるケースが多く，意思決定が遅い．ただし，G行の行員からは，H行は組織力があるようにみえる．

「G行の行員は，自分たちがいい加減だと思っていますよ」

「現在の部署は，部長がK行出身です．初めの内，彼は，G行とH行の部下が何を考えているのかウォッチしていました．G行の部下が，G行の役員に情報を流すとでも思っていたのでしょう．彼は，情報をコントロールしたかったのだと思います．今は，ウォッチしているという感じはしませんが，G行とH行の行員で飲みにいく事が多く，心理的にどうしてもK行をはずしてしまいますね」

「成果が出れば，行員の心の融合がなくてもいいと思います．ただ，心の融合がないために，生産性が低下すると問題ですよ」

事例13

　内向的な印象を与える山口和男（仮名）氏は，J行の出身である．山口氏は，大学時代のゼミの先輩と同じ銀行に勤務したいとは思わず，I行から内定をもらったが，敢えてJ行を選択した．

「まさか合併して同じ会社で働くとは思ってもみませんでした」

　合併して5年後に，I行の支店に異動した．支店長はJ行出身であったが，山口氏の直属の上司はI行の出身で高卒であった．

「矢継ぎ早に課題が与えられました．アグレッシブな上司で，効率を追求し，厄介なお客さんは切っていきました」

　山口氏によれば，I行とJ行では体質がまったく異なった．

「I行は，無理無駄をしない．効率重視．営業は，ドライで冷たい．欧米型に近いという印象を受けました．J行は，面倒なお客さんを切ることを避け，地元を大切にしてきました．J行にはアットホームな感じのする日本的な雰囲気がありました」

「対等合併のはずだったのに，合併して2年後に気がついたら，ほとんどI行の規程になっていました」

　山口氏によれば，合併後，次のような変化が生じた．

　まず，銀行内の検査が厳格になった．J行では年に1回，銀行内の検査があったが，検査員と支店長が馴れ合っているよう

なところがあった．検査員が元支店長であるケースもあった．ところが，I行では，検査部に専任の行員を配属していた．

　また，以前と比べ，取次ぎ伝票を詳細に書かなければならなくなった．

　さらに，無駄な動きを排除しなければならなかった．以前，山口氏が勤務していたJ行の支店では，月曜日，水曜日，金曜日に集金をしていた．合併後，「集金事態を撲滅せよ．お客を店に来させよ」という指示が本部から出た．要するに，集金自体を排除し，それによって生じた時間を取引先の開拓に費やせという指示・命令であった．しかし，山口氏が勤務していた支店では，週3回の集金を週2回に減らすにとどめた．

　貸し付けに関しても信用調査が厳しくなった．どの銀行でも行うが，過去に取引処分があるか否かを調査するために，支店が東京手形交換所に照会する．J行では，信頼調査はその段階で止まっていた．しかし，I行は，法人照会を含め，興信所の調査，本店に設置している調査部門による企業調査が行われ，その後に，判断が下されていた．

　他にも，窓口業務をしている女性行員を集中的なトレーニングにより鍛えるようになった．窓口の業務を担当している女性行員にも商品や法律の知識をつけさせた．

　「本部からものすごく恐そうな人（女性）がきました」

　その結果，仕事が厳しくなったため退職していった女性行員がいた．

退行時間も早くなった．J行では付合い残業が多く，深夜まで仕事をし，残業が美徳化されていた．一方，I行では残業する行員は仕事ができないとみられる雰囲気があり，行員は午後9時頃には退行していた．

研修計画に関しても変化が生じた．J行では年1回，研修計画を提出していたが，合併後は年2回提出するようになり，達成度が人事考課に反映された．

最後に，本部からの計画に基づき，各支店に目標が割り振り与えられるが，合併後，その達成度をチェックする会議が増えた．

「結局，I行の規程に合わせなければ，サバイブしていくことができなくなりました．ただ，I行のやり方には『なるほど』と納得することもありました」

規程がI行の主導になったのは，人事部にI行色の強い行員が配属されたことに拠ると山口氏はみている．

結局，対等合併の名のもとで，I行の文化が勝っていった．

事例14

M行出身の桜井真二（仮名）氏は，人事グループに所属している．初めは，じっと下を向いたまま口を閉ざしていたが，その内に，ぽそぽそと語り難そうに質問に応じてくれた．

桜井氏によれば，M行は，地域での圧倒的な地位にあぐらをかいているといった印象が強い．人がいい．主体性に欠ける．

L行と比べて，ドライなところがない．

　桜井氏は，グローバルにビジネスを展開していくには，厳しさとドライなところが必要であると考えている．

　「うちには自由な雰囲気があります．女性は私服ですし」

　一方，合併するL行は，上からの統制がとれており，軍隊のようである．団結力が強い．また，監督・管理が徹底している．

　「私は，独身寮に入っていますが，管理人さんがいて，行員が寮長になっています．L行さんは，人事部の行員が家族と一緒に住み込んでいます」

　さらに，桜井氏は，企業文化についても語ってくれた．

　「M行の文化は崩壊するかもしれませんが，心配していません．旧L行，旧M行というのはナンセンスです．新しい文化を創らないと．単にどちらかの文化が肥大化しただけではダメです」

損害保険　「勝ち組」

事例15

　「本社では，社風の違いをどのように扱ったらよいのか悩んでいます」

　3社合併まで1年を切り，本社とのパイプの太いN社の東山修平（仮名）氏は，合併を予定している他社の社員との交流を積極的に深めている．体育会出身でエネルギッシュな東山氏

は交流の度に，合併する他社の社員が売り上げに対して執着心が弱いと感じる．

「大抵の代理店は，5，6社と取引をしています．N社が6社中，5位や4位のところもあります．何もしなければ，順位は変わりません．代理店がシェアの見直しをするので切られてしまう可能性もあります．一拠点をとれば，5千万円から1億円の売上げが伸びます．ですから，N社は，あの手この手を使って，人を動かして順位を入れ換えようとします．しかし，O社とP社の社員は諦らめてしまって何もしません」

3社合併に関する不安は，管理職のみならず若手の部下にもある．

「若手の部下たちは，O社とP社の若手社員と飲みにいくようですが，本当にあんなところと合併して大丈夫なんですかと私に聞くのです」

東山氏からみるとO社とP社の社員のモチベーションが低くみえる．

「商品知識の問題ではないんです．精神面です．O社とP社の社員は，使命に対する執着心がないんです」

N社では，貢献目標を取り入れている．単年度に五つの目標を掲げ，その達成度により年俸が決まる．3ヵ月に1回，チェックをすることになっている．

「貢献目標を取り入れ，相手の社風を変えていくのです．合併したらうちがやっていることをやるんです」

確かに，業界上位のN社と中堅のO社とP社では，合併後の主導権がどちらにあるかが明白である．

しかし，東山氏は新会社で社内のコミュニケーションを図ることが重要であり，そのためには傾聴のスキルが求められると考えている．

「O社とP社の部下をもったら，よく話しを聴くようにします．『聞く』ではなく『聴く』ことが大切です」

損害保険 「負け組」
事例16

損害保険業界に，赤と青をコーポレートカラーとして用いたロゴマークの会社が2社ある．同業種のライバル会社と同じカラーのロゴマークを採用するのは何とも不思議な話である．

「いいところに気がつきましたね．それには理由があるのです」

腰が低く気さくに話をする武田和夫（仮名）氏は，笑みを浮かべながら語ってくれた．

「合併準備委員会では，互いのコーポレートカラーを辞めて，新たな色を用いてロゴマークを作ろうということになっていたのです．Q社は赤，R社は青がコーポレートカラーでした．そこで，合併準備委員会は緑を採用することを提案しました．（Q社とR社の系列の）銀行同士の合併で，緑が新会社のロゴマークに採用されていますから．ところが，お互いのトップが自

分たちのカラーがいいと言ったために，ひっくり返ってしまったのです．合併準備委員会ではゼロ・クリアーでいこうと話していたのに」

両社のトップが旧社意識を引きずっていたので，新会社のロゴマークは，赤と青を使用したものになってしまった．

「Q社の社員もR社の社員も，いいものがあれば使いましょうと言います．しかし，本音と建前は違います」

Q社出身の武田氏にとっては，タレントの採用にも不満が残っている．

「損保は代理店で生きていますから．代理店が働きやすい環境を作ることが大切なんです．A（大衆に人気のあるタレント）は，代理店の方と握手をしてくれましたから．うちの（前）社長とも仲がいいですし」

当然ながら，AはQ社のカラーが強いので新会社では採用せず，B（ポップ歌手）を採用することになった．

「Bじゃあ代理店と握手してくれるかなあ」

武田氏によれば，新会社では合併によるシナジー効果が生まれる状態ではない．

「面子がありますから．相手（R社）に妥協してくると，どうして譲ったのか攻められます．ですから妥協できません．今まで敵でしたからね．今日から仲間だと言われても」

武田氏はQ社とR社の社員が融合できるのは，合併後に入社した社員が幹部になった時ではないかと考えている．イント

ラネットで人事異動をみると，社員の名前の後に，Q社出身かR社出身かが明記してある．

「社内では国際結婚だと言っています．価値観の対立が起きています．お互いに『こうあるべきだ』というものを持っているのです．R社は，儲かっていないなら関連会社を削れと言ってきます．R社を批判するわけではないですが，R社は実利主義です」

「Qの社員はQグループと言いますが，Rの社員はグループのことを連合と呼ぶのです．連合ってなんですかと聞いてしまいました」

また，武田氏によれば，企業文化の相違は権限の委譲にも現れている．たとえば，武田氏の所属していた部署では，決裁なしで使用できる額がR社の同じ部署と比べかなり多かった．

さらに，一般職の女性社員にも企業文化の相違が現れている．たとえば，Q社では一般職の女性社員も意見や不満を副社長や常務に言うこともあった．

「ちょっとまずいかなと思ったこともありましたが」

一方，R社では，指示・命令系統が統一されていて，武田氏からみると軍隊のようである．

「合併による後遺症が今後出てくると思います．たとえば，今までやっていた仕事のやり方を否定されてしまうとか．R社の上司に変われば，査定に影響しますから．以前だったら，君のことだから失敗しても大目に見てやるというケースがありま

したが，今後は客観的に査定されるでしょう．評価してくれると思っていたのに，R社の上司だと評価してくれなかったとか．合併により上司と部下の間にストレスやコンフリクトが生じますね」

上司と部下の間に生じるストレスやコンフリクトはどの職場でも日常茶飯事であると思われるが，武田氏は合併により生じる新たなストレスやコンフリクトを憂慮しているようであった．

事例17

「28年間勤めてきたので大変かも．転校生になる感じかな．仕方がない」

O社に勤務している山田純一郎（仮名）氏は，楽観的な表情をしながらも，言葉は必ずしも楽観的ではなかった．

ヒアリング当時O社は，2004年4月に他の2社と合併することになっていた．山田氏は，3社の力関係が明確なので，合併効果が早く出るのではないかとみていた．

「合併までの1年の間に代理店に対してアドバイスができるスキルを身に付けたい．代理店も合併して法人になるし．代理店は税務のことを知りたがっている．彼らと良い関係を築くには税務の知識が必要だと思います．彼らから聞かれて『分かりません』とは言えないし，やみ雲に答えるのは危険だし．合併前までに，税務についてある程度のアドバイスができるように準備をしているところです」

人間的な暖かさを感じさせる山田氏によれば，O社には学閥も閨閥もない．成果主義に基づいた目標チャレンジ制度も導入されていない．

「O社は居心地の良い会社です」

一方，N社は積極的で厳しく，P社には，社員がガソリンスタンドに立って保険をとっているイメージがある．しかし，山田氏は，P社については気にかけていない．というのは，合併後は，業界2位のN社色が強くなり，N社のやり方に合わせていくことになると山田氏は考えているからである．

「O社は動物でいうと羊と言われていたけれど」

3社会議に出席した時，非常に興味深い点に気づいた．N社の社員は椅子に浅めに座り，前かがみになって話しに聞き入っている．常に発言しやすい姿勢をとっていた．一方，P社の社員は椅子に深く座っている．会議中，P社の社員からは建設的な意見は出なかった．

また，N社とP社が作成した資料にも明白な相違があった．N社は1ページでまとめてきた．ラフで合理的．一方，P社は6，7ページの資料を作り，グラフを添えて詳細に作成してきた．

「あのような会議では，細かいところまで決まらないからP社の資料は無駄だったね」

山田氏は，将来，人事異動によりN社の建物に入り，自分がマイノリティになって仕事を進めていく心の準備をしている．

「社内では，社員同士で合併の話はしないね．ぼくの回りだけかもしれないけれど．合併の話をすると否定的な話になってしまうからじゃないかな．自己否定するのもいやだし，相手を認めたくないからね」

O社の代理店とは違い，N社の代理店では証券を扱っている．そこで，O社の人事部が証券に関する講座を開いたところ，定員オーバーになった．口には出さないが，それほど，O社の社員には，サバイブは深刻な問題になっている．

「人事部からその話を聞いた時，やっぱり我々はサラリーマンだなあと思ったね」

山田氏は，仮にN社とP社の部下を持った場合，業界1位の会社を共通の敵にして部下たちのモチベーションを高める方法を探ろうと考えている．

「N社はこのままでは，万年業界2位であることに気づいていると思う．N社プラスアルファの文化を創らないと勝てない」

山田氏は，個人的には合併により生じる変化に対応していかなければならないことに不安がある．しかし，全体的にみると合併する企業の力の差が大きいので，合併効果が早期に発揮され，しかも業界1位を目指すということで融合ができるのではないかとみている．

損害保険　広報部
事例 18

「マスコミの方はアウトプットの方に目がいって気にかけませんが，心構えの統合がベースになっています」

2001年10月のＱ社との合併を控え，Ｒ社広報部広報チームの井上正英（仮名）氏は，優れた商品開発には合併する企業の「心構えの統合」がベースになると主張する．その心構えには，(1)明るい挨拶，親切な対応(2)文章はやさしく，コミュニケーションは迅速に(3)マイナス情報こそ優先報告(4)よいところを学ぶ気風(5)スピード重視で目標に日付を，が含まれている．

両社ともに財閥系．その上，業界２位と３位のライバル企業同士の合併．社風もかなり異なる．

井上氏は，Ｒ社の社風をチャレンジとみている．たとえば，人事評価に関して言えば，加点主義で何もしないよりはチャレンジした人を評価する．効率と成果のみならず，プロセスも評価する．

ソフトな人柄で笑顔を絶やさない井上氏によれば，新会社では新しい文化を創造しようと「学び合い，絶えずレベルアップを目指す企業文化の醸成」を目標にしている．

コンピューターシステムに関しては，保険の契約管理等の業務はＱ社に，イントラネット等の情報系はＲ社に合わせることになった．その結果，Ｒ社の一般職の事務員は新しいシステムを学ばなければならなくなり，それがかなりのストレスにな

っている．

「先日，社長が一般職の事務員に話をし，理解を示しました．これが社内で反響を呼びました」

合併後，変化に対応できない社員が出てくる可能性があるが，それに対する対策として井上氏は次のように考えている．

「まず，不安を取り除いてやることです．自分の仕事はどうなのか．仕事量は増えるのか．何がどう変わるのか分からないのです．早めに情報を開示し，こう変わるのだということを流していくのです．合併は10月です．8月，9月にどっと情報が来ても受ける方は大変でしょうね．研修も早くやることです」

また，井上氏は，新会社では自己否定ができずに，自己主張する人は評価されないと考えている．

損害保険業界における合併は，「強者」と「弱者」，「弱者」と「弱者」の合併が多い中で，R社とQ社の合併は「強者」と「強者」の合併であり，融合が返って難しいのではないかと思われる．しかし，この点に関して井上氏は次のように述べた．

「『強者』同士の合併ですから，シナジー効果が高いレベルで生まれます」

石油 「勝ち組」
事例 19

　ここでは事業所に勤務している4名の工員の意見を整理してみる．1999年4月の親会社S社とT社の合併に伴って，子会社も合併した．対等合併と言われているが，実際は吸収合併でありS社の主導で進んでいる．現場で仕事をしている工員はこの合併をどのようにみているのであろうか．

　今回ヒアリングをした子会社に勤務している4人の工員は，S社出身である．

　「規程を統一しても，自分たちがやってきたやり方を『正』とするから，やりにくくてさ．仕事が進まないよ．どうしてこれまでのやり方を変えなければならないのか，彼らには理解できないんだな」

　荒井和彦（仮名）氏が苛立ちを覚えているような口調で，現在の状況を語ってくれた．事業所では，S社の工員は少数派である．合併に伴いT社の事業所に異動してきた．そこで，T社の工員に，工事の発注の仕方，工事の段取り，配管基準，溶接工の管理方法等，S流のルールに従って指導している．しかし，人数的に多数派であるT社の工員の心理的抵抗にあって，業務が思い通りに進まない．

　清水賢治（仮名）氏も荒井氏と同様，メンタルな部分に触れながら，規程をS社流に変えても，T社の工員の意識を変えられないので，業務が進まないと指摘した．

「プライドが傷つくし，今までのやり方を否定されるということは，自分を否定してしまうからな」

清水氏は，新しい規程を受け入れないのは，吸収された側の工員が持っている愛社精神が原因であるとみている．

吉田勇一（仮名）氏は，S社とT社の現場を比較し，S社の現場では係長が中心になって仕事を進め，GM（ジェネラルマネジャー）から承認を受けるという形をとっていたと述べた．また，T社ではS社と比べ，GMに権限がなく所長が権限を握っている点を加えた．

「S社のGMをT社のGMと入れ換えれば，組織の体質が変わるのではないかな」

西川武雄（仮名）氏は合併効果について語ってくれた．

「合併効果を早く出すには，いいとこ取りをしないことだな．いいとこ取りは時間がかかる．どちらかがどちらかの会社のルールに合わせないと」

この点に関しては他の3人の工員も一致していた．

石油 「負け組」

事例20

「決め事だからと思うこと」

T社出身の鈴木幸広（仮名）氏は物静かに語った．

合併後は，合併した相手企業の規程に従って仕事をしている．ポストの削減，降格，そして減給．大学時代ラグビーの選手

だった鈴木氏にとって，最も厳しいタックルを受けたのかもしれない．

　合併後，どちらかの企業が主導権を握るが，主導権を握られた社員は，「強者」の規程に対応していかなければならない．鈴木氏によれば，合併前は，T社のトップは"対等合併"であると社員に話したが，主要な部分でS社の規程が採用され，事実上は吸収合併である．

　ではどのような人が合併後の変化に対応できているだろうか．

　「変化に対応できる人は，割り切れる人．再就職したと思えばいいと言った人もいる」

　ただし，新しい人事システムや経理システムに馴染むのは大変であると鈴木氏は本音も明かす．主要なポストは，少数派のS社の社員に占められている．

　「規程はS社になったけれど，建物はT社だから．社員はT社の方が多いし．人数では多数派だから気分的には多少は楽かな」

　鈴木氏は，合併前は両社とも民族系であるため社風が類似していると思っていたが，いざ合併をしてみると社風の相違を感じている．たとえば，鈴木氏によれば，T社は蛮カラでオープンな社風であった．部門間の人事交流が盛んに行われ，コミュニケーションが活発で風通しが良かった．しかし，新会社は，販売部門よりも管理部門が強く，部門間のコミュニケーションが少ない．

「新会社は，部門ごとの会社という感じ」

IDカードやタイムカードを首につり下げる等，T社と比べ，S社はチェック体制も厳しい．新会社ではS社の社風が強くなっている．

鈴木氏によれば，合併後，新会社の社風の弊害に直面する時があった．複数の部門にまたがるような案件を扱った際，部門間のコミュニケーションがなく，業務遂行の障害となった場合があった．

「S社は拾ってやったと思っているんじゃないかなあ．我々のいいところを取ろうという発想がない．頭から否定することもあるし．我々の方が，（新しい社風に）敏感でよくみえる」

T社のガソリンスタンドをみる度に，鈴木氏はT社に対する個人的な愛着心が湧いてくるという．

事例21

「会社の定年が60歳であったので，あと7年会社にいることができると考えていましたが，合併したことにより1年と数ヶ月になってしまいました」

普段は明るく笑顔で接してくれていた丸山清（仮名）氏は，この時ばかりは，重い口調で語った．

彼は，海外駐在員として東南アジアにある事務所に勤務していた時に合併を知った．

S社とT社の合併では，人事労務関係は「低きに合わせよ，

厳しきに合わせよ」の原則に添って調整がなされた．その結果，S社の定年が55歳，T社は60歳であったので，S社に合わせることになった．

「評価制度も厳しくなりました．T社ではABCDでしたが，合併後は，点数で評価されます．降格制度も導入されましたし．T社では有りえませんでしたが，私の上司は10歳年下です」

新会社の人事部によれば，合併により資格制度の統一を図った．S社の管理職は，11％であった．一方，T社の管理職は25％であったため，合併後は管理職を15％に調整した．S社の数字に合わせため，降格し辞めていった管理職は，希望退職者の約6割から7割ではないかという．

「社風も随分違います．元の会社では営業部門が強く，柔軟性があって，加点主義でした．合併した会社は管理型の会社で，総務や人事部門が強く，官僚的です．社風も堅実で減点主義です．このようにIDカードとタイムカードを首につり下げたこともありませんでした」

丸山氏によれば，合併によるポストの減少や社風の異なった人たちへの対応によるストレスが生じる．同時に新会社での新たな人脈作りもストレスである．

「合併によりこれまで築いてきた社内のネットワークが，まったく使えなくなってしまいました．この歳で，これから人脈をつくる気にはなれません」

「意外にも，優秀な若手社員が希望退職していきました．新

会社の文化に早く適応できると思いましたが」

　丸山氏は，合併後，ストレスを感じながらも相手のルールや考えに合わせて仕事を進めている．彼によれば，企業文化の融合は，社内間のコミュニケーションを促進する必要があるため時間がかかる．そこで，厳しいシステムを有している企業ないし規模の大きい企業のシステムの一方に社員が合わせて行くべきであると丸山氏は考えている．

石油　人事部
事例22

　新会社（S社とT社の合併企業）の人事部では企業文化の相違をどのようにみているのだろうか．本社人事部の3名（S社2・T社1）にヒアリングを行った結果，企業文化に関して以下のような回答を得た．

　組織と権限に関し，S社は本社一極集中型である．各事業所には，申請権と業務執行義務がある．本社の各部署が各事業所に対して担当する職能に関して決定し，命令権を行使する職能型組織である．このような組織の長所は，大きな経営判断のミスをする可能性が低い点であるが，同時に機動力に欠けるという短所も存在する．

　一方，T社は各部門，事業所が独立した分権型の組織である．代表取締役の経営判断の下に，執行役員の指揮で業務を遂行する．このような組織の長所は，S社の組織と比較し，機動

力があるが，一旦誤った判断をし，その方向へ進むとブレーキが利かなくなる場合がある．

　予算制度に関してみてみると，S社では全品目について予算制度の適応を受ける．一方，T社では，予算制度はなく，すべての経費は必要があって発生するので統制しない．両社の予算制度の相違には，「人は悪人」(性悪説)，「人は善人」(性善説)の考えがその背景にある．

　これは，F行の河合氏と金子氏のいう「性悪説」と「性善説」とまったく同じである．

　S社では，管理部門が強大であるので，生産部門や販売部門といった直接部門を圧倒し，企業の活力を削いでしまうケースがある．一方，T社は，管理部門は基本的に支援業務に徹し，極力システム化し，直接部門の独裁色が強くなる傾向がある．

　新会社の人事によれば，融和策の推進を図るためにオープンセミナーを実施し，より多くの受講者が研修の場を通じて交流を深め，相互理解を図れるように支援している．このオープンセミナーは，合併前にS社で実施していたものである．年間15回以上実施しているが，今後はセミナーの充実と回数増によって，合併後の社内の交流を深めたいと考えている．

　因みに，オープンセミナーで実施している内容は，交渉スキル，ディベート，考える技術・説得の技術，アカウンタビリティ・スキルアップ，マネジメントゲームである．

　また，人事部では，職懇制度を活用し，各部門の業務内容や

運営方針に関する相互理解を深めようとしている．

S社出身の人事担当富山秀樹（仮名）氏は，合併により評価制度，賃金制度，資格制度等の統一により，人事制度が透明化したことのメリットを強調した．

「合併前は，T社には生き残れないという雰囲気がありましたが，S社との合併によりT社は『勝ち組』になれたのです．ライバルはもはや国内企業ではなく外資系です」

合併後の変化として，T社出身の人事担当者藤崎康史（仮名）氏は，新会社では記録をとるようになったことを挙げた．さらに，両社のマネジャーを比較し以下のように述べた．

「T社のマネジャーは定時に帰宅していましたが，S社のマネジャーは仕事をします」

化学 「勝ち組」

事例23

「結婚して3年目ですが，妻は何を考えているのか分かりません．合併も相反するものがくっつくので半信半疑です」

1994年にU社は，同じ財閥グループのV社と合併した．U社出身の岡本哲夫（仮名）氏は，同じ財閥の合併とは言え，融合は困難であると繰り返し言った．

「葛藤が強くて融合までいきません．シナジー効果も起こりません」

誠実で芯の強い印象を与える岡本氏によれば，U社の社風

は慎重し過ぎて新しいものに対する挑戦がない．たとえば，医薬品部門はU社の主要な部門の一つである．U社は医薬品の開発を約30年間手がけてきたが，ここ1，2年の間に，人とお金を急速に投資し始めた．その背景には，これまでに，製品性があると思っても，他社が手がけていなかったので競争する必要がないと判断し，経営資源を投入してこなかったのである．

一方，U社が年功序列を重んじているのに対し，V社は実力主義である．また，V社では社長1人の考えが決定に強く反映された．

合併後，新会社ではU社が「強者」に，V社が「弱者」になり，U社が主導権を握った．岡本氏によれば，U社の社員の中には，「あいつはU，あいつはV」と区別する社員も多い．

「V社の社員は，そうは言っていないと思いますけれど．いや，私の知らないところで言っているのかな」

岡本氏は，U社の社員が「弱者」であるV社の社風，方針，考え方を否定してしまう点に関して強い疑問を抱いている．

「V社にはかつて進取の精神がありました．市場が飽和しているのにも拘らず，完成品を世の中に出すという強烈なマインドがありました」

岡本氏によれば，V社出身の社員で，合併後の変化に対応している社員は，根回しの得意な社員である．というのは，U社では根回しが頻繁に行われ，新会社ではU社色が強くなっているからである．

「以前，事業所にいたことがありましたが，覇権争いが激しかったです」

結局，U社の方が規模が大きかったためか，経理，人事管理等の基幹システムはU社流に，それ以外のマイナーなシステムは，V社流を採用することになった．たとえば，U社では，ハンコは右へ行くほど職位が上がったが，V社では左へ行くほど職位が上がった．このような基幹システムでないものはV社流になった．

その結果，V社には不満のある社員が多かった．U社のやり方を押しつけられ，自分のやり方を否定されてしまったからである．

「新人扱いになってしまいますからV社の社員は大変です．ですけど，U社の社員も大変です．V社の社員の抵抗に対処しなければなりませんから．こちらもストレスです」

合併後，ある部署のU社の一般職の女性社員たちが退職した．退職理由は結婚退職となっているが，実際は検収業務を巡って，V社出身の新しい上司とトラブルがあった．U社では，伝票を発行している一般職の女性たちは，伝票と現物を合わせるようなことはしなかった．それは製造現場にいる社員の仕事であった．ところが，V社出身の上司は，一般職の女性たちに伝票と現物を確認するように命令した．先に触れたように基幹システムはU社になったが，それ以外のシステムはV社流になったため，一般職の社員に関してはU社の社員に変化が

生じた．

「自分のやり方が正しいことを主張しますから，別の発想が起こりにくいのです」

化学　人事部
事例24

W社は1997年10月に合併し誕生した新会社である．

「どちらかのシステムに合わせると，社員がどちらが勝った負けたと言って，自分が『勝ち組』なのか『負け組』なのかを気にします．ですから，最大手がやったようなたすき掛けも重要だと私は思います」

冷静で合理的な印象を与える渡辺正雄（仮名）氏は，合併により社員間に「勝ち組」と「負け組」の意識が芽生えるのを警戒している．

「帰属意識，社の歴史，社風等の違いがあるので，融合を強引にするのは難しいです．それらの重荷を背負っていますから」

人事部で活躍している渡辺氏によれば，合併後，人事交流率を高め，融合を図ってきたが成果は思った程ではない．

「同じ釜の飯を食ってきた人から命令されたいですからね．同じ命令をされても，同じ釜の飯を食ってきた上司には共感が湧きます」

合併後の変化に対して渡辺氏は，次のように語ってくれた．

「本社の間接部門が変化を推進する立場にあると自負しています．変化に適応できない人は仕方がありません．変化の薄い部署に異動させます」

セメント　人事部
事例 25

　1994年に第1次セメント業界の再編があった．その後，1998年に再び合併があり，Xセメントが誕生した．Xセメントが理想とする社風の一つとして「社員の多様な価値観と個性を尊重し，自由闊達，柔軟に発想し，自由にものを言える社風」がある．

　しかし，人事部の新村明（仮名）氏によると，「自由にものを言える」をとり間違えている社員がいる．会議の際，相手の感情を害し非生産的な議論をしてしまう．

　「前の会社に引きずられている社員がいるんです．議論をすると『うちのやり方に合わせろ』と言うのです．意識の統合は難しいです．"異文化"に対する拒絶感を払拭できないのです」

　紳士的な雰囲気のある新村氏は，企業文化の相違についても語ってくれた．新村氏によれば，合併の一方であるY社の組織はピラミッド型であった．言い換えれば，本社のコントロールが強く，本社一極集中型であった．営業畑から管理部門への異動は少なく，スペシャリストを育成していた．社内では競争志向が強かった．議論が盛んで，上司に反対意見を言える雰囲

気があった．Y社は，トップダウンが強く，新会社においてもトップダウンが強いという．

もう片方のZ社は，組織はフラット型であった．対外的には副部長がいるが，組織上は部長の下はグループリーダーになっている．営業畑から管理部門への異動もあり，ジェネラリストを育成していた．新村氏からみると，Y社よりも上下関係は厳しかった．

新村氏は賃金カーブの相違についても語ってくれた．彼によれば，Y社は全体的に上昇したが，Y社では役職志向が強く，役職に就かないと賃金は上がらなかった．

さらに，指示・命令の方式についても相違があった．Z社では課長が主に指示・命令を出し，Y社では係長が主に指示・命令を出した．

新会社では，新村氏は社員の旧社意識を少なくするため，融和研修や人事制度の変革に携っている．たとえば，ミドルマネジメントを集め，社長や会長の話を聞かせた．

融和に関して言えば，合併して3年目を迎え，Xセメントでは一体化の総仕上げをしようと次の目標を掲げた．

- 旧社への帰属意識の完全払拭
- 現状に対する不満や先行きへの不安の解消によるモラールアップと求心力の向上
- 一人ひとりの意識改革の源泉となりうる人事政策

特に，旧社意識を少なくし，旧社に関係なく「公平」に人事評価を実施するように，評価者訓練を行った．新村氏によれば，その結果，評価者のモチベーションは高まったが，旧社意識は少なからず残っている．

「旧社の風土で育っているんです．旧社のやり方に慣れていますし．アイデンティティも旧社にありますから」

通信 「負け組」

事例26

「合併して分かったことなのですが，α 社には2兆円の借金があったのです」

寺西京子（仮名）氏，半ば憤り，半ば呆れ返ったような口調で言った．

しかし，合併後，新会社は借金のある α 社の文化になってしまった．

知的な雰囲気の寺西氏は β 社出身である．

「会議での記録を改ざんしたこともあります．ですから α 社の社員と仕事をしていると，どうしても反感が湧いてきてしまいます」

新会社では，マスタープラン（事業単位の採算管理）とフィロソフィが社員間に論争を呼んでいる．というのは，双方とも α 社で実施されていたからである．

「私たちを説得する時に，α 社の社員はマスタープランがあ

るからだと言うのです」

　寺西氏によれば，β社の社員は，フィロソフィを理解するためにα社出身の会長の著書を読み，講演ビデオを観てディスカッションをするように奨められている．フィロソフィとは会長の哲学である．

　「私は抵抗しています．まるで宗教団体のようです」

　両社出身の社員がフィロソフィについて社内報に投稿している．代表的なものを二つ紹介してみる．

　β社の社員の投稿である．

　「合併後の融和のためのフィロソフィが必要であるという考えには賛成ですが，重要なのは各人が出身や地位に関わりなく，企業理念に基づき公平に評価され扱われていると感じられることではないかと思います」

　一方，α社の社員は以下のように述べている．

　「一つの会社の中においても，社員の資質，生い立ち，考えは複雑ですが，合併により異なる企業文化で育った人々の企業理念を融合することにより，問題解決のベクトルを最大限にできれば，企業活動も効率化し，より大きな成果が生まれることは想像に難しくありません」

　このα社出身の社員は，このように指摘した上で，新会社にとってフィロソフィが必要であると主張している．

　寺西氏によれば，同業種でありながら社風にかなりの相違があるという．たとえば，β社はボトムアップが強く，α社はト

ップダウンが強いが，新会社では後者が主流になっている．また，β社の頃と比べて自由に使えるお金が抑えられている．たとえば，新会社では5千円以上は社長の決裁になっている．稟議に関しても，β社ではその日の内に取れる場合があったが，現在では2週間もかかる．

「合併後，新しい社風に適応できず辞めていく人は，どちらが良いのか判断する人です．判断基準があって，他のやり方に好奇心がない人です」

製紙・パルプ　企画・管理グループ
事例27

「融合には共通の目標を作ることです．それは，450億円のコストダウンです」

こう語るのはγ社IR（投資家向け広報活動）室の西村太一（仮名）氏である．

明るくて積極的な西村氏は，まず，紙・パルプ業界について説明してくれた．

δ社とε社の統合により，世界の紙パルプ業界において売上高6位の新会社が誕生する．統合効果推進委員会は，共販会社，原材料，比例費，物流費，固定費，金融コスト，生産体制の再構築を含めた7つの分野で統合効果を早期に発揮するために，それぞれの分科会を設置した．

生産・原材料調達コストの削減，物流費削減（倉庫の共有，

交錯輸送の回避等），人員の削減，財務体質の改善を含めた徹底したコストダウンを実行する．また，品種・銘柄の統合，紙事業の生産体制の再構築，重複投資の排除のアクション・プランを早期に作成し，遂行することにより合併効果の早期実現を図ろうとしている．

西村氏によれば，δ社は自由闊達な社風があり，社内では議論が盛んであった．一方，ε社は積極的に海外進出をし，アグレッシブな社風があった．

「統合前の評価制度は曖昧で不透明でした．これを透明なシステムに変えていくのです」

合併後の人事考課は，実力主義を徹底し，年功管理の払拭に重点を置いている．

「シニアファーストはもう終わりです」

ファースト・フード 「勝ち組」

事例28

「(相手の) 社風を変えるのは大変です．パワーがいります」

買収したファミリーレストランζ社の社員の教育研修担当をしているη社の増沢慶太（仮名）氏はこう語った．

「社風については社長に叩き込まれました．人事は外の人間と接しますから．学生も人事をみて決めます」

外向的で積極的に物事を進めていくタイプの増沢氏が直面している問題の一つは，買収したファミリーレストランの社風を

変えることである．

「ξ社の社員は主体性がまったくありません．競争意識もないです．右に向けと言われれば右に向く．上から言われたら，動くのではだめです．自分が思って相手の立場で動かないと」

トレーナーとして教育研修に参加した増沢氏は，買収したファミリーレストランに勤務していた社員の動作が遅いのに驚いた．

「η社の社員と比べると，モーションが違うのです．モーションを早く正確に行うことが重要なのです．それが作業を早く正確に行うことになり，結局，仕事を早く正確に行うことにつながるのです」

そこで，増沢氏によれば，教育研修では「むだ・むら・むり」をなくすための動作をファミリーレストランの社員に身に付けさせた．増沢氏は，抵抗する一部の社員に対しては，η社が要求する動作の明確な理由を説明して説得を試みた．

「抵抗する人がいるのです．言い訳から入る人です．今までの方が楽だから，新しいことを覚える必要がないと思っているのでしょうか．どのような目的のためにやるのか説明しても納得のいかない人は辞めていきます．取締役も3分の1は辞めました」

増沢氏によれば，η社が買収したファミリーレストランξ社とはキャリアプランも異なっていた．たとえば，買収したファミリーレストランでは，30代後半で店長の仕事に就いてい

るが，牛丼を専門とするファーストフードのη社では1年目から店長を経験させ，30代後半は部門の仕事をしている．

「ζ社の社員は，キャリアプランの変化にも対応していかなければなりません」

第2章　心理的視点と異文化的視点からみた企業合併

第1章では，ヒアリングの調査結果を業界別にまとめてみた．

読者の皆さんには，合併企業で働く社員がいかに色々な問題に直面しているかがお分かり頂けたと思う．

ここに書かなかった分を含め，現場で働いている人々に共通していたのは，「強者」「弱者」「勝ち組」「負け組」の意識である．

そして，企業文化の相違に苦しんでいるのは，「弱者」ばかりではない．それは，トップが考えている範囲を超えている．さらに，「弱者」の苦しみは，「深刻」と形容しなければならない．

「強者」は「弱者」の考え方，やり方，価値観を否定しながら，自分たちの考え方，やり方，価値観を押しつけがちだ．「弱者」にとっては，これまでの人生や人格を否定されたような気持ちになる．そこで，「弱者」は，心理的に抵抗を示す．アイデンティティの危機の問題である．だからこそ，この抵抗は根深く強いのである．

合併前も合併後も，合併する企業の社員は，相手企業の社員をステレオタイプ（固定観念）でみている．

そこで，これらの問題をもう少し詳しくお話するために，ヒアリング調査の結果に基づいて「強者対弱者の意識」「企業文

化の相違」「心理的抵抗」「ステレオタイプとカテゴリー化」に整理分類してみた（図表4）．

これらは合併企業において，効果的なコミュニケーションを阻害する要因であるという点で共通している．

図表4　合併企業における効果的なコミュニケーションに対する阻害要因

問題	事例
「強者」対「弱者」の意識	2, 17, 20, 21
企業文化の相違	1, 3, 4, 5, 6, 7, 9, 10, 11, 12, 13, 14, 15, 18, 22, 27
心理的抵抗	16, 19, 23, 24, 25, 26, 28
ステレオタイプとカテゴリー化	8

（注）各事例に出てくる問題は重複しているところがあるので，顕著な特徴が現れている事例を挙げた．

次に，心理学的な視点と異文化的な視点を中心にみていくことにしよう．

「強者」対「弱者」の意識

　合併前は，言葉の上では"対等合併"というが，合併前も合併後も，「強者」と「弱者」に分かれている．異文化マネジメントの研究で著名なN・アドラーによれば，シナジーの創造には自分たちのやり方と彼らのやり方の組み合わせがベストであるという考えが根底になければならない．

> しかし,「強者」は自分たちのやり方,考え方,価値観を「弱者」に押しつけがちだ.「弱者」は「強者」に合わせていかなければならない.
>
> その過程で,「弱者」はこれまでのやり方や考え方を全面的に否定される.それはとりもなおさず,これまでの人生を否定された気持ちになる.「弱者」の大半は,自己否定された気持ちになり,この気持ちは,業界を問わず「弱者」が共通に抱えている問題だ.
>
> 興味深いのは,「強者」と「弱者」の中に,互いのやり方や考え方にメリットを見出すことができる社員が存在する点である.

事例20が示しているように,"対等合併"は表向きであり,合併後,「強者」と「弱者」が立ち現れる.ヒアリング調査の結果に基づき,「強者」と「弱者」の関係を整理してみると次のようになる.

- どの企業にも多かれ少なかれ企業文化はある.しかし,「強者」と「弱者」の企業文化にはそれぞれ特徴がある.

事例2,事例4,事例5,事例8,事例22によれば,「強者」の企業文化は,コストに厳しく,堅実で官僚的である.ア

第2章 心理的視点と異文化的視点からみた企業合併　65

グレッシブでノルマを達成しようという意欲が高い．「強者」の人事考課は「弱者」のそれと比べると厳しく，「性悪説」が強い．また，組織は本社一極集中型の組織である．

一方，事例8，事例10，事例11，事例20，事例22によれば，「弱者」の企業文化は，コストに甘く，アバウトで，おおらかである．おっとりしている，アットホーム，自由闊達，柔軟性があるという特徴がある．「弱者」の人事考課は「強者」のそれと比べると甘く，「性善説」が強い．社内の競争も激しくない．組織は分権型である．「弱者」の中に，合併前に所属していた会社は住み心地が良かったと思っている者がいる（図表5）．企業文化については後で詳細にみることにする．

図表5　合併企業にみる「強者」と「弱者」の企業文化

「強者」	「弱者」
● コストに厳しい	● コストに甘い
● 意思決定が遅い	● 意思決定が速い
● 慎重　堅実	● スピード
● 官僚的	● 柔軟性
● マニュアル重視	● アバウト
● アグレッシブ	● おおらか　アットホーム
● ノルマ志向	● 自由闊達
● 人事考課が厳しい	● 人事考課が甘い
● 組織力	● 個人力
● 本社一極集中型	● 分権型
● 機動力がない	● 機動力がある
● 性悪説	● 性善説

● 合併後，「強者」の企業文化が新会社では支配的になるの

で,「弱者」は大きなカルチャーショックを受ける．

　カルチャーショックは,日常用語になっているので簡単に分かると思うが,人がまったく異なった環境に置かれると心理的ショックを受ける．カルチャーショックとは,K・オバークによる概念であるが,一般に,「文化変容ストレス」「文化疲労」「文化不適応」等の意味で用いられる．

　事例13と事例20が示しているように,「弱者」は合併後の企業文化の変化に敏感で,「強者」の企業文化がよく見える．「強者」の中にも,一部の社員は合併した相手企業のシステムや規程で仕事をしなければならない者もいる．しかし,一般的には,「強者」は,自分たちのシステムや規程で仕事をするので,「弱者」と比べ変化の量が小さくカルチャーショックは少ない．事例1のように「強者」の中には,自分たちが自己改革に遅れるのではないかと考えている者がいる．「強者」は,自分たちの企業文化が新会社では支配的になるので,変化に対し「弱者」ほど敏感ではなく,新しい企業文化に適応していく必要性が低い．結局,合併企業では,「弱者」の方が文化的気づき度（認知度）が高くなる．

　異文化環境においても,一般的に非支配的な文化出身の人は文化的気づき度が高い．これは,企業文化にも共通している点である．

- 通常，合併後，業績の良い企業が「強者」になり，新会社では「強者」の企業文化が支配的になるのが一般的である．しかし，このルールには例外もある．

　たとえば，事例26のように，合併前に借金があっても，カリスマ性のあるリーダーが存在すると「強者」になり得る．この事例では，借金があった企業が，フィロソフィやマスタープランを武器に合併後の新会社においても自分たちの考え方，やり方，価値観を維持し，主導権を握ろうとしていることがはっきりと読み取れる．

- 合併後，「強者」と「弱者」の中に双方のやり方や考え方を学ぼうとする社員がいる．

　事例20と事例28から分かるように，「強者」は「弱者」のやり方を全面的に否定し，「強者」のやり方を押しつける．それに対し，「弱者」は心理的に抵抗する．しかし，事例13のように，「弱者」の中には，「強者」のやり方や考え方の優れた点を認め，受け入れる者がいる．一方，「強者」の中にも「弱者」の文化のメリットを見出す者がいる．たとえば，事例5のように，「強者」が「弱者」の意思決定はスピードの点で，自分たちよりも優れていると認めている．さらに，事例23のように，「強者」の中には，「弱者」の社風，方針，考え方をすべて否定

するべきでないと主張している者もいる．

　事例 10，事例 11，事例 16，事例 19，事例 20，事例 26，事例 28 をみる限り，合併後，新会社では出身の異なる社員同士で円滑なコミュニケーションをとれないケースが多い．合併後，職場におけるコミュニケーションを促進させるためのキーパーソンとなる社員は，「強者」の企業文化のメリットを認識できる「弱者」や，「弱者」の企業文化にもメリットを見出せる「強者」である．

　彼らは，正に企業合併のヒーローとなり得る．合併後，彼らは企業文化のコーディネーターの役割を果たし，企業文化間の摩擦を調整し，新組織を成功に導く．誰が彼らを見出し，うまく使っていくのか．

企業文化の相違

　合併後の新会社でコンフリクトが生じるのは，企業文化の相違が原因になっていることが多い．俗な言い方をしてしまえば，合併前の企業文化が染み込んでいるからである．
　「堅実」「慎重」という価値観を尊重する企業では，独自に即断し行動に移してしまったら，大目玉をくらうだろう．しかし，「自由闊達」に価値を置く企業では，慎重な社員は笑われる．
　「堅実」「慎重」に価値を置く企業出身の社員には，合併

した相手企業の社員の「自由闊達」な行動は"いい加減"にみえる．「自由闊達」に価値を置く企業出身の社員には「自由闊達」な行動は"適切"で"望ましい"行動にみえる．

「自由闊達」に価値を置く企業出身の社員には，合併した相手企業の社員の「堅実」「慎重」な行動は「意思決定ができない人間」のようにみえる．「堅実」「慎重」に価値を置く企業出身の社員には「堅実」「慎重」な行動が"適切"で"望ましい"行動にみえる．

新会社では，同じ事象を違った言葉で表現しがちである．というのは，自分が所属していた企業文化に基づいた行動が"適切"で"望ましく"高く評価されてきたからだ．どのような行動が期待されるのかはその企業の文化が決める．

思考様式や行動様式に対する企業文化の影響は絶大であり，それを意識した行動が合併企業で働く社員に求められる．

合併をしたある企業の2人の部長たちと食事をしていた時に，企業文化の相違に気づいたことがある．

地方でヒアリングを行うためにアポイントメントをとってくれることになった時の会話である．

「○○というのがいるので，会ってもらえれば，話がきけると思うよ．ゴルフ仲間で私のことをよく知っているから」（S社子会社A部長）

「うちは，□□というのがいます．私とは本社で仕事をやってきた仲です」（T社子会社B部長）

「工員さんとも会ったら如何ですか．本音が聞けますよ．飲ませないといけないかもしれませんが」（B部長）

「ヒアリング調査させて頂く許可が必要ですか」（海野）

「うちは，口頭で言えばOKだけど，おたくは手続きを踏まないと」（B部長）

A部長と海野は15年以上の個人的な付合いがあるので，会話がインフォーマルな形になる．B部長とはA部長の紹介で知り，5年ぐらいの付合いがあるが，会話はフォーマルになりがちである．

企業文化の相違に気がついたのは，B部長がA部長に言った「口頭」と「手続き」である．事例の中でA部長とB部長が所属していた親会社を挙げているが，正しくA部長が所属していた親会社は「官僚的」，B部長が所属していた親会社は「自由闊達」と言える．

企業合併には企業文化の問題がつきものである．合併を経験したあるメーカーのトップは，企業文化に触れ，合併した一方

の企業は組織中心のピラミッド型で，他方の企業は個人中心のフラット型であったと語っている．このトップは「原点に戻って，新会社の未来にとって何が良いかという視点で物事を進めていけば解決できる」と述べているが，合併した企業同士の文化の相違がどのような影響をもたらしたのかについては，その場では語っていない．

　ヒアリング調査の結果からは，「同じ業界なので社風の相違は小さいと考えていましたが，合併してみると意外にも大きかった」という意見が聞かれた．

　河野とS・R・グレグによれば，企業文化は，参加する人々に共有されている価値観と，共通の考え方，意思決定の仕方，および目に見える行動パターンの総和である．ヒアリング調査の結果をみると，合併後の新会社において，社員間に価値観や考え方の相違があり，それが顕著に現れる．つまり，企業文化はフィクションではなく，実際に存在するものである．

　したがって，一般のいわゆる文化が，伝承されるように，企業文化も伝承されていく．どのようにして伝承されるのだろうか．

　まず，企業が社員を型にはめていく．社員もサバイブしていくために自分が属している企業の考え方，やり方，進め方，価値観等を理解し，それに合わせていく．日常の業務を通じて，企業文化が染み込んでいく．

　行動や態度も企業文化の影響を受ける．合併後，自分が「弱

者」になってしまった場合，自分の行動を変容させ，新しい企業文化（「強者」の文化）に合わせるのはかなり困難になる．

当然，企業文化にあう人とあわない人がいる．事例4は，非常に興味深い．通常は，事例20のように，「弱者」が「強者」の企業文化にあわないケースが多い．しかし，事例4では，「弱者」出身の上司が業務遂行志向であったために，「強者」の企業文化にぴったりあったケースである．

価値観はどのような行動や態度が望ましく適切であるかに影響を与える．企業文化が異なれば，望ましい行動や適切な行動も変わってくる．言い換えれば，ある企業の中で，社員が"適切"である"望ましい"と考えている行動は，他の企業では"不適切"で"望ましくない"行動になってしまうかもしれない．

新会社で上司が合併した相手企業の出身の場合，自分が合併の前に所属していた企業では評価されたのに，同じ行動や態度が評価されないのではないかという不安がある．

事例20，事例28が示しているように，「強者」は自分たちのやり方を「弱者」に強制して「弱者」の企業文化を変えようと試みている．最終的には，生産性が高まり，利益が出ればそれで「良し」となる．

しかし，現実には事例19から分かるように，そのような「強者」の強制的なやり方は「弱者」から心理的抵抗を受ける．また，事例20のように，企業文化の押しつけは，「弱者」に公

平に評価され扱われていないという気持ちにさせるというデメリットもある．

　企業文化に関する問題で悩んでいる点では，米国企業も同様である．外国企業同士の合併で企業文化の相違が弊害となっている．企業合併や買収において企業文化の相違といった文化的要因は軽視できない要因である．
　R・カンターとT・ドレットラーは，ジレットとパーカーの企業文化の相違を取りあげている．中央集権的でフォーマルな文化のジレットと家族的でインフォーマルなパーカーの文化を比較しながら，互いの文化を尊重することの重要性について触れている．彼らによれば，吸収された企業の社員（ここでは「弱者」）は，より高いレベルの不安やストレスを感じる．彼らは，新しい文化に適応しなければならないからである．
　M・ハベック等は，吸収された側に新しい文化を負わせる場合，明確な理由がなければならないと指摘している．さらに，新しい文化が明らかに古い文化よりもビジネス環境に適切でなければならないとも述べている．事例13でみることができるように，「弱者」が「強者」のやり方や考え方に「なるほど」と納得がいけば「強者」の文化を自分のものにすることができる．
　ヒアリング調査からも分かるように，企業合併は企業文化の異なる企業同士の合併であり，正に「異文化と異文化の合併」

である．

　そこで，文化的価値観を用いて異文化的視点から企業合併をみてみる．

　文化的価値観とは，ある文化において支配的な価値観のことである．たとえば，勤勉の尊重，年長者と経験者の優遇，成果の重視，謙譲の美徳等がある．文化的背景の異なる人を効果的にマネジメントするには，相手の文化的価値観を把握し，それを反映したマネジメントを行う必要がある．というのは，文化的価値観は，文化的背景の異なる社員の行動や思考様式に影響を与えるからである．

　異文化環境で文化的背景が異なる現地従業員が，文化的価値観に基づいた行動や態度をとるのと同じように，合併後の新会社でも，社員は自分がこれまで慣れ親しんできた考え方，やり方，進め方，価値観に基づいて行動をしている．前にも述べたが，企業文化に合った行動が"適切"で"望ましい"行動や態度になり，高く評価される．

　新会社では，企業文化の相違を認識する．自分のやり方，進め方，考え方を見直し，合併した相手のやり方，進め方，考え方と調整する作業が必要になる．

　事例23から分かるように，合併した相手企業の文化にメリットを見出す社員がいる．このような社員は，文化的気づき度が高く，"異文化"に好奇心を示し，自分に取り入れていけるタイプの社員である．

事例3，事例4，事例5，事例10，事例11は，E行とF行に関するものである．これらの事例を通して企業文化の相違について，心理学者G・ホフステッドの文化的価値観の4次元——「権力の格差」「個人主義／集団主義」「男性らしさ／女性らしさ」「不確実性の回避」——を用いて考えてみたい．

価値観の問題は，異文化間コミュニケーション論や異文化マネジメントにおいて重要な地位を占めている．各国の価値観の相違について，大多数の研究者たちが拠ってきた研究の一つが，このホフステッドの文化的価値観の研究である．この研究は，1960年後半から1970年前半にかけて，多国籍企業（IBMのこと）に勤務する現地従業員を対象に調査を行ったもので，各国を前に述べた4つの価値観で位置づけた．たとえば，日本は，「権力の格差」はやや大きく，「集団主義」を重視し，「不確実性の回避」が高い「男性らしさ」の強い社会である．

ホフステッドの調査から30年が経過し，その見直しが始まっている．海野も日本やタイで文化的価値観について調査を行っている．詳細は，「在タイ日系企業における異文化マネジメント」（『明治大学教養論集』（2001.1　通巻343号）を参考にして頂きたい．

以下，簡単に4つの文化的価値観の特徴を説明し，E行とF行の企業文化を比較してみたい．

権力の格差

「権力の格差」の小さい文化では，人々の間の不平等は最小限にすべきであるという考えが支配的である．そのような文化では，部下は相談されることを期待している．また，「権力の格差」の小さい文化では，階層的構造は，単に社会や組織を機能させるための便宜的なものにすぎない．一方，「権力の格差」の大きい文化では，人々の不平等は期待され望まれている．そのような文化では，部下は何をするのか命令されることを期待している．さらに，「権力の格差」の大きな文化では，階層的構造があることの主たる理由は，だれがだれに対し権威を持っているかを，だれしもが知ることができるようにというものであるという考えが強い．

では，E行とF行の「権力の格差」はどうだろうか．

E行は「役職」で，F行は「さん」づけで呼ぶという暗黙のルール，即ち，規範が存在する．E行では上司の命令は絶対であるが，F行では上司にものを言える行風がある．明らかに，E行は「権力の格差」が大きい文化，F行は「権力の格差」が小さい文化である．

個人主義／集団主義

「個人主義」志向の文化には，マネジメントとは「個人の管理」，「集団主義」志向の文化には，マネジメントとは「集団の管理」であるという考えが支配的である．

事例11ではっきりと現れているように，E行は組織力に重点を置いている．一方，F行は個人の能力や個性を重視する．合併を推進するプロジェクトチームでは，E行のメンバーたちは，組織的に意見を述べ，E行は組織としての統制が取れていたが，F行のメンバーたちは，個々に意見を述べていたという．E行は「集団主義」志向，F行は「個人主義」志向の強い文化である．

男性らしさ／女性らしさ

「男性らしさ」の強い文化では男女の役割が明確に区別され，「女性らしさ」の強い文化では男女の役割に明確な区別がない．

事例11を見る限り，E行では約20年間も窓口で定期の業務に携っている女性行員がいるが，F行では女性行員の転職がある．どちらが「男性らしさ」の文化であるかと言えばE行であり，F行は「女性らしさ」の文化である．

不確実性の回避

「不確実性の回避」の弱い文化では，不確実性は人生には一般的であり，毎日受け入れられている．一方，「不確実性の回避」の強い文化では，人生に内在する不確実性は，戦わなければならない継続的な脅威として捉える傾向がある．一般に，「不確実性の回避」の強い文化はリスク回避の文化であり，「不確実性の回避」の弱い文化はリスクテイキングの文化であると

言われている．

　E 行の行風として，「慎重」「堅実」があがっている．融資の決定に関しても石橋を叩いても渡らないぐらいに慎重に行われるという．意思決定のスピードが遅い．事例 11 では，レポートも多段階にわたってチェックが行われ，他から批判される心配のない表現を使用する点が述べられている．また，事例 5，事例 10，事例 11 からは，E 行ではマニュアルが整備されていることが分かる．マニュアルに依存する文化には，不確実性を回避したいという欲求がある．一方，事例 5，事例 11 によれば，F 行の行風は「自由闊達」で，意思決定のスピードが速い．F 行ではマニュアルは原則を記述してあるのみである．

　つまり，E 行は「不確実性の回避」が強く，リスク回避型の文化である．一方，F 行は「不確実性の回避」が弱く，リスクテイキングの文化である．

　ホフステッドの文化的価値観を用いて，E 行と F 行の企業文化を比較してみると，E 行は「権力の格差」が大きく，「集団主義」志向で，「不確実性の回避」が強い「男性らしさ」の文化である．一方，F 行は「権力の格差」が小さく，「個人主義」志向で，「不確実性の回避」が弱い「女性らしさ」の強い文化である（図表 6）．

　結論としてこの 2 行の文化的価値観はかなりかけ離れている．

第2章 心理的視点と異文化的視点からみた企業合併 79

図表6　E行・F行の文化的価値観の比較

文化的価値観	E行	F行
権力の格差（小―大）	大きい	小さい
個人主義／集団主義	集団主義	個人主義
男性らしさ／女性らしさ（弱―強）	男性らしい	女性らしい
不確実性の回避（弱―強）	強い	弱い

さらに，E行とF行の文化的価値観の位置関係も次のように対極になっている（図表7・8・9）。

図表7　「権力の格差」の次元と「個人主義／集団主義」の次元における
　　　　E行・F行の位置

個人主義（小）

　　　　　　　　　　　　　　　　　権力の格差（大）
　　　　　　　　　　　　　　　　　集団主義
　　　　　　　　　　　　　　　　　E行
　　　　　　　　　　　　　　　　　●

　　　　　　　F行
　　　　　　　●
　　　　　権力の格差（小）
　　　　　個人主義

個人主義（大）
　　　　権力の格差（小）　　　　　　　権力の格差（大）

図表8 「男性らしさ／女性らしさ」の次元と「個人主義／集団主義」の次元におけるE行とF行の位置

個人主義（小）

	集団主義 男性らしさ E行 ●
F行 ● 個人主義 女性らしさ	

個人主義（大）

女性らしさ　　　　　　　　　　　　　　男性らしさ

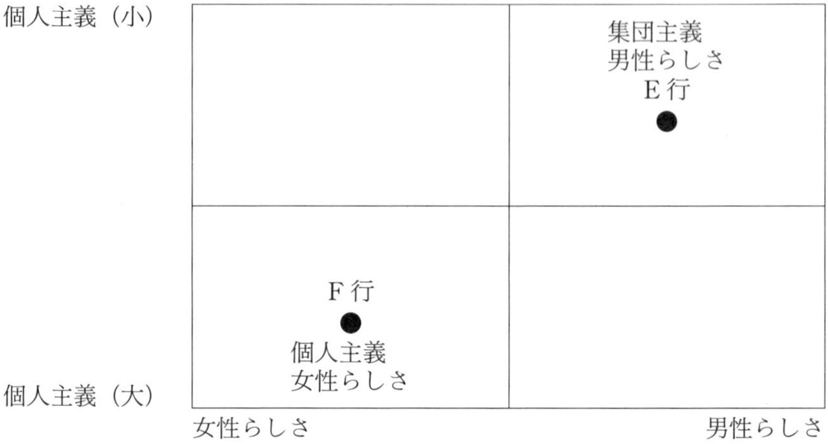

図表9 「権力の格差」の次元と「不確実性の回避」の次元におけるE行とF行の位置

不確実性の回避（弱）

権力の格差（小） 不確実性の回避（弱） F行 ●	
	E行 ● 権力の格差（大） 不確実性の回避（強）

不確実性の回避（強）

権力の格差（小）　　　　　　　　　　権力の格差（大）

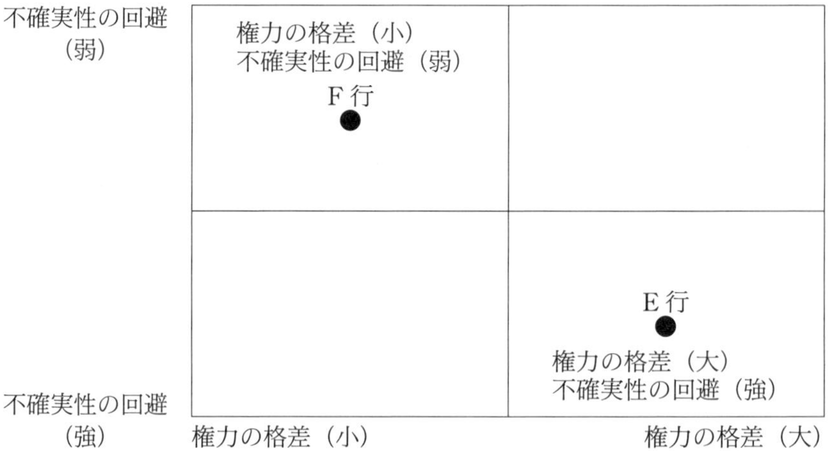

　ホフステッドと同様に，価値観に焦点を当てて，資本主義を

第２章　心理的視点と異文化的視点からみた企業合併

文化的な側面から研究したのがＡ・トロンペナルスとＣ・ハンプデン‐ターナーである．トロンペナルスとハンプデン‐ターナーも色々な価値観を用いて文化を分析している．それらは，次の７つである．

1．普遍主義対個別主義
2．分解と統合
3．個人主義対共同体主義
4．内部志向型対外部志向型
5．連続的時間観対同時的時間観
6．獲得的地位対生得的地位
7．平等対階層

　価値観の内，「普遍主義対個別主義」「個人主義対共同体主義」「平等対階層」を用いてＥ行とＦ行の企業文化を比較してみる．トロンペナルスとハンプデン‐ターナーによれば「普遍主義」志向の強い文化は，ルールやガイドラインを強調し，それらを普遍的に当てはめる傾向がある．一方，「個別主義」の文化は，人間関係が重視され，ケースによりルールやガイドラインが修正される傾向がある．事例３，事例４，事例５，事例11を見る限り，Ｅ行はルールに厳格で「普遍主義」の強い文化，Ｆ行はケースバイケースで対応するという点で「個別主義」の強い文化に属するといえる．

また，事例11では組織を重視するE行と個を尊重するF行の企業文化が指摘されており，E行は「共同体主義」の強い文化，一方，F行は「個人主義」の強い文化である．さらに，「平等対階層」でみた場合，明らかに役職名で呼び合うE行は「階層」の文化，「さん」で呼び合うF行は「平等」の文化といえる．

このように，トロンペナルスとハンプデン‐ターナーの価値観を用いてもE行とF行の文化は対照的である．

E行とF行のケースのみならず，事例23のように同じ財閥系の企業同士が合併しても，やり方，考え方，価値観等の相違からコンフリクトが生じる．また，事例16のように「強者」同士が合併した場合も，企業文化の相違からコンフリクトが生じる．

では，どのようなコンフリクトがどうして生まれているのだろうか．

「勝ち組」が「負け組」の事務の処理方法に対して，やり方が間違っていると指摘している．正しいやり方で処理したと思っている「負け組」の社員は，プライドを傷つけられる．これまでのサラリーマン生活の中で間違ったことをすることは，能力が低いとレッテルを貼られることだからである．

そこで，「強者」に抵抗すればコンフリクトが生じる．「強者」に従えば，これまでの自分をすべて否定された衝撃を持つ．自己否定され「合併トラウマ」に陥る結果になるのだ．

これはコンフリクトの一例である．

新会社で「勝ち組」が，仕事ができるようにみえるのは「勝ち組」のやり方や考え方で仕事をしているからである．

そこで，異文化論から合併企業で働く社員の行動を分析すると次のようになる．

人は，文化が人間の行動をコントロールしていることを意識せずに，無意識に行動している．つまり，「人間は文化の産物」である．人は，自分の行動，態度，価値観，考え方等が自文化に基づいていることを意識していない場合が多い．

同様に，合併後，新会社においても，社員の行動，考え方，ものの見方，価値観は，合併前の企業文化の影響を多分に受けている．合併後，新会社で異なった仕事のやり方や考え方に直面し，コンフリクトが生じるのは，合併前の企業文化に行動や考え方がコントロールされているからである．無意識に行動すれば，異なった企業文化で育った社員とコンフリクトを起こすのは当然である．自分の行動，態度，価値観，考え方が合併前の企業文化に基づいているという事実に気づく必要がある．異文化的視点から考えてみると，合併企業において社員は，文化的気づき度を高める必要がある．

人は，自文化に基づいた考え方，ものの見方，やり方，価値観等が他文化に基づいたものよりも優れていると思い込み，優越感を抱く傾向がある．自文化が優れているというような自文

化中心主義的な態度をとると，効果的なコミュニケーションはとれない．異なった考え方，ものの見方，やり方，価値観等に優劣をつけると，効果的なコミュニケーションをとろうとしても，それが阻害要因となってしまうからである．

　合併企業における効果的なコミュニケーションに対する阻害要因は，正に異文化環境における効果的なコミュニケーションに対する阻害要因と酷似している．

　合併企業においても，社内で「勝ち組」と「負け組」の意識が強くなり，優越感で「負け組」の社員を見下した態度をとれば，効果的なコミュニケーションはできない．

　図表10はヒアリング調査に基づき，企業文化の変化に適応できる社員の特徴をまとめたものである．

図表10　企業文化の変化に適応できる社員の特徴

企業文化を通訳できる人	・合併前の会社で身につけた考え方や仕事のやり方や進め方を合併した相手に説明ができ，相手の考え方や仕事のやり方や進め方も尊重できる（事例3）
好奇心が旺盛な人	・別のやり方や考え方に好奇心を持つ（事例26）
絶対的な判断基準を持たない人	・合併した相手企業の考え方ややり方，行動を善し悪しで判断しない（事例26）

　文化的背景の異なる人と効果的なコミュニケーションをとるための方法として，M・ベネット等によって開発されたDIE

分析が用いられる．合併企業において，考え方，ものの見方，価値観等が違う相手企業の社員と円滑な人間関係を築き，効果的なコミュニケーションをとる場合にも DIE 分析を活用してみる価値がある．そこで，「企業異文化シナジー」のプログラムの中で DIE 分析を紹介したい．

心理的抵抗

> 「強者」は自分たちのやり方や考え方を「弱者」に強制する．「弱者」は「強者」のやり方や考え方に適応していかなければならない．それが，「心理的不適応」を起こし，「合併ストレス」や「合併トラウマ」になる．しかし，「合併ストレス」を感じるのは「弱者」のみではない．「強者」も同様である．というのは，「強者」の指示・命令に対し，心理的抵抗を示す「弱者」がいるからである．「強者」は「弱者」の心理的抵抗に対処していかなければならない．同じ財閥系企業同士の合併においても心理的抵抗は生じる．「強者」と「弱者」の合併よりも，「強者」同士の合併の方が，心理的抵抗が強い．

ある企業の人事部長山上勝男（仮名）氏から電話をもらい会いに行ったことがある．合併を控え，どのようにしたら合併する2社の社員が融合できるか悩んでいる様子だった．それもそ

のはずである．合併する2社は，ライバル会社同士であり，財閥系同士でもあり，その上，「強者」同士であった．合併する相手企業の話になった時，山上部長は相手企業と考え方や価値観が違うことに触れ，困った表情でこう語った．

「○○（合併する相手企業）は，教育研修にお金をかけないんです」

山上部長は，自分が抱いている相手企業のイメージについて触れた後，同席していた人事部次長に向かって，思い出すように次のように言った．

「そういえば，○○の人事部長が探りにやって来てたな」

この会話から合併する2社が教育研修に対する考え方が相違する点が窺われる．これは前に述べた企業文化と関連する．次に，合併する相手企業の社員に対し，否定的な感情があるという点である．事例8もそうであるが，合併する場合，社員は否定的な感情からスタートする．マイナスの心理状態で合併しても，互いに不信感を持ち，抵抗しあうのが目にみえている．ヒアリング調査によれば，合併後この企業では，実際それが起きている．「強者」同士は妥協せず，譲ろうとしないことが明らかになった．

調査結果に基づいて，心理的抵抗になり得る要素を考えてみると，次のようになる．

- 社員にプライドがある（事例7）．

- 「勝者」同士の合併の場合，互いに変える必要がないと思っている（事例16）．

- 自分のやり方を「正」とし，自己否定されるのを回避しようとする（事例19，事例23）．

- 「こうあるべきだ」という意識が強く，他のやり方に対し好奇心を持たない（事例23，事例25）．

- 同じ釜の飯を食べてきた人から指示・命令されたいと思っている社員がいる（事例24）．合併した相手企業の上司から指示・命令を出されると，心理的抵抗を示す社員は，上司を内集団か外集団かに区別する意識が強いからである．

- 合併前に所属していた会社へのアイデンティティと愛社精神がある（事例20）．新会社よりも合併前に所属していた会社に対しアイデンティティと愛社精神が強いと，心理的抵抗が生まれる．

- 合併後，「強者」が「弱者」に自分たちのルールに合わせるように強制する（事例28）．「強者」は，自分たちのや

り方や考え方に優越感を持ち,「弱者」にルールを合わせることを強く要望する.それに対し「弱者」の中には,防衛的な態度をとりながら心理的に抵抗を示す社員がいる.

- テリトリーの意識である（事例1）.テリトリーを犯されるという危険があると心理的に抵抗を示す.

このように,合併後は,合併した双方の社員が相手のやり方,考え方,価値観等を心理的に受け入れられない状態が続く.経済的効果に焦点を当てたシナジー効果は短期的に発揮できるが,心理的抵抗が続く限り,心や意識の問題は長期化する.長期化した心理的抵抗は,合併企業にとって非常に厄介な問題である.というのは,円滑なコミュニケーションに対する阻害要因となり,コンフリクトを生じさせ,業務遂行の障害となり得るからである.コンフリクトが生じれば,「強者」と「弱者」の双方が余分なエネルギーを費やさなければならなく,これは職場における効果性にとってマイナス要因になる.

事例2,事例13,事例23でみることができるように,コンフリクトを軽減するには,合併した相手の仕事に対するやり方,考え方,進め方,価値観にもメリットを見出そうという姿勢が求められる.そのような姿勢がなく全面的に相手を否定してしまえば,合併した相手から心理的抵抗が生じるのである.

ステレオタイプとカテゴリー化

> 　新会社では合併した社員を相手の企業文化のステレオタイプ（固定観念）でみる傾向がある．「本当に官僚主義的だ」「ルーズで無責任なやつらだ」「いい加減なやつらだ」．
> 　さらに，合併した相手社員の行動を「△△グループ」というカテゴリーを通じて，否定的に解釈する傾向もある．「△△社だからえげつない」「○○社だからお坊ちゃんで仕方がない」．
> 　新会社で効果的なコミュニケーションをするには，自分の持っているステレオタイプを捨てたり，修正したりする作業が必要になる．また，カテゴリーをシフトする作業が必要になる．

　L・A・サモーバーによれば，ステレオタイプとは，「特定の社会や集団構成員の間で，広く受容されている他の集団や制度などについての単純化された固定的・画一的な観念，イメージ，意見」である．

　ステレオタイプには，肯定的なステレオタイプと否定的なステレオタイプがある．たとえば，「A社の社員は勤勉だ」と言えば，肯定的なステレオタイプになる．A社の社員の中にも，怠慢な社員がいるからである．一方，「B社の社員は怠惰だ」と言えば，否定的なステレオタイプになる．B社の社員の中に

も，アグレッシブに働く社員がいるからである．一般に，合併企業では社員が合併の相手企業の社員について持つステレオタイプは否定的である．

事例8では，合併する社員に対し否定的なステレオタイプを持ち，思い込みで判断している様子がはっきり現れている．また，合併前も合併後も少ない情報で相手を判断するので，ステレオタイプを形成してしまうこともある．ステレオタイプの形成には，知識や情報不足がある．

仕事で出会った合併した相手企業の一人の社員が，自分が抱いていたステレオタイプと一致してしまうと，ステレオタイプは強化される．一方，自分が抱いていたステレオタイプと矛盾した合併した相手企業の社員が現れた時，自分のステレオタイプを修正できるか否かが問われる．たとえば，「A行の人間はおっとりしている」というステレオタイプ（否定的な意味である）を持ったB行の行員が，アグレッシブなA行の行員に出会った時に「彼は例外だ」と思えば，ステレオタイプを修正することはできない．逆に，A行にも色々なタイプのアグレッシブな行員もいれば，おっとりした行員もいると思えばステレオタイプを修正することができる．

ステレオタイプは，効果的なコミュニケーションに対する阻害要因となるが，カテゴリー化も同様である．カテゴリー化の多くは性別や人種等の身体的または出身文化や民族等の文化的特徴に基づいているが，同時に人生に対する態度や考え方によ

っても分類が行われている．また，相手をどのカテゴリーに分類するかによって相手の行動に対する解釈が変わってくる．たとえば，相手が勤務している会社というカテゴリーでみると否定的に解釈し，相手の趣味というカテゴリーで相手をみると中立または肯定的に解釈する場合である．

　異文化間コミュニケーション論の研究で著名なW・グディカンストによれば，一旦，ある人を特定のカテゴリーに入れてしまうと，そのカテゴリーに対するステレオタイプのために先入観を持ち，その人の行動を解釈する際に影響を受けてしまうと指摘している．

　合併企業においては，「△△グループ」というカテゴリーを通じて，合併した相手社員の行動を否定的に解釈する傾向がある．「△△はえげつない」「○○は坊ちゃんだ」

　合併企業で効果的なコミュニケーションをとり，円滑な人間関係を築いていくには，合併した相手企業の社員に対する自分のステレオタイプを捨てたり，修正したりする作業が必要になる．

第3章　合併企業とグローバリゼーション
── 合併企業が真のグローバル企業になるためには ──

現在のグローバリゼーションとネオ・グローバリゼーション

「グローバリゼーション」という言葉からどの国を思い浮かべるかと聞かれたら，おそらく，10人中9人までがアメリカと答えるだろう．

現在のグローバリゼーションの背景には，効率，スピード，成果主義，結果第一主義，競争，個人主義，Mタイム，低コンテクストといった価値観が存在する．

Mタイムとは，モノクロニック（monochronic）タイムの略で，ご存知のように，モノはギリシア語で単一，クロニックもギリシャ語を語源とする時を表す言葉である．一つの時に，一つの事をなす一時一事主義がMタイムの文化の根幹となっている．そこでは，時間厳守がルールになっている．

低コンテクストの文化とは，意味を解釈する場合に言語そのものに依存し，言語化する文化である．このような文化では人々は，直接的・明示的なコミュニケーションスタイルを好む．

アメリカでは，成果主義と競争はいいものとして疑わない．競争は時に，スピードを要求する．Mタイムの文化には，期限や納期，時間厳守を重視する．これらが組み合わさると，そこには効率第一主義が生まれる．それは有効性とは異なる（ここでは効率と有効性の問題については触れない）．

第3章　合併企業とグローバリゼーション

　これらの価値観は，アメリカ的価値観と一致し，アメリカ的価値観が現在のグローバリゼーションの主導的な価値観になっている．このことについては，海野が「在タイ日系企業における異文化マネジメント」と「グローバル企業における異文化トレーニング」（『明治大学教養論集』（2001.9　通巻348号）という論文に詳しく書いてあるので，興味のおありの方にはそちらも読まれることをお勧めしたい．

　こうしたアメリカ的価値観とは，まったく異なる対照的な価値観が支配する文化もある．プロセス，集団主義，Pタイムを重視し，高コンテクストのコミュニケーションスタイルをとる文化である．地域で言えば，中東，南米，東南アジアにみられる．

　Pタイムとは，ポリクロニック (polychronic) タイムの略で，ポリはギリシア語で複数を示す．Pタイムの文化では，時間よりも人間関係を重視し，同時にいくつものことが並行して行われる傾向がある．

　高コンテクストの文化では，間接的・暗示的コミュニケーションスタイルが好まれる．また，「それ以上言わなくても分かるだろ」「そこのところを察して欲しい」「一を聞いて十を知る」というように，言語化されていない部分（隠された情報ないし貯蔵された情報）を察しながら，仕事を進めていかなければならない．このような文化出身の人々にとっては，アメリカ的価値観が支配的な現在のグローバリゼーションは不快であり，

住み心地の悪いものかもしれない．

　このわずか，1，2頁をお読み頂いただけでも，これほど文化は違うのかと思われる方もいるだろうし，ご自分の海外勤務の経験から「そういうことだったのか」と思われる方もいるだろう．語句の説明でくどくならざるをえなかったことをお詫びして次に進もう．

　均一性を要求する現在のグローバリゼーションは，一見，強いようにみえるが，その実，脆弱なシステムである．現在のグローバリゼーションは「価値観の平準化」ないし「価値観の均一化」をもたらす．このことは，海野が2001年に実施した価値観の調査にも現れている．「価値観の平準化」が危険であるのは，それが進み，文化的多様性が失われると，環境の激変に対応できなくなる可能性が生じるからである．逆に，文化的多様性が存在すれば，代替案を発見し，その活用によって変化に対応する可能性が生まれる．その意味で，異文化——多様な文化の存在——は必要であり，それらを研究する異文化論の存在も重要なのである．

　それゆえ，今，異文化に興味を持ちつつある読者，すでに，関心を持っておられる読者も，地球の真のグローバリゼーションの発展にとって重大な存在なのである．

　環境の激変に対する対処能力というドラマチックな要素ばかりではない．「価値観の平準化」や「価値観の均一化」がもたらす弊害は，日常的な業務においてシナジー効果を発揮させに

第3章 合併企業とグローバリゼーション 95

くくしてしまう点にもある．言い換えれば，異文化的選択が存在する多様性のある社会からシナジー効果が現れるのである．異なった考え方，ものの見方，価値観といった文化的多様性を活かすシステムの構築とその保持や発展がきわめて肝要な課題である．

　アメリカ的価値観が背景にある現在のグローバリゼーションでは，アメリカが「勝ち組」になり，日本を含めた他の文化——アメリカにとっては異文化——は，「負け組」ということになる．

　そのようなグローバリゼーションでは，明らかに行き詰まってしまう．勝ち負けにこだわる社会で，「勝ち組」になれるのは，少数の人である．現在のグローバリゼーションの実態をみると，少数のスーパーリッチと大多数のプアーとスーパープアーが生まれる不安定な社会を創っている．

　また，物質的な発展と精神的な発展のアンバランスも生んでいる．物質的な発展の裏にある精神的堕落は，過当競争と関係があるのではないだろうか．競争に価値を置き，何の疑問も抱かず競争を良いものとして受け入れるアメリカ的グローバリゼーションは，心の歪みをもたらす．「勝つか，負けるか」．常にそれが自分を「勝者」の道へと駆り立てている．一度勝てば，なおのこと，その地位をキープすることに血のにじみ出るような努力をする．それでも，その努力が報われず，「勝者」の地位を転げ落ちることがあるだろう．そうした時の挫折感は大き

い．それは，人間にとって幸せなことであろうか．

これらがみえているのに，どうしてそれに向かって進んでいくのだろうか．否応無しに巻き込まれていると諦めているのだろうか．

そこから抜け出す最も効果的な方法は，実に，簡単なのだ．それは，現在のグローバリゼーションに代わる新しいグローバリゼーションのヴィジョンをマジョリティが共有することである．ここではそれをネオ・グローバリゼーションと名づけてみる．

ネオ・グローバリゼーションにおいては，「勝ち組」と「負け組」の意識から解放される．つまり，それらのカテゴリーがあまり重要な意味をなさない世界である．ネオ・グローバリゼーションでは「勝者／勝者（ウィン／ウィン）」の意識を強く持ち，「協働」しながら双方が満足する結果を得る．

さらに，ネオ・グローバリゼーションでは，一国の価値観，考え方，ものの見方が支配的ではなく，多様な価値観，考え方，ものの見方が存在する．ネオ・グローバリゼーションはアメリカ一辺倒ではない（図表11）．

第3章　合併企業とグローバリゼーション　97

図表11　グローバリゼーションのパラダイム・シフト

① 現在のグローバリゼーション

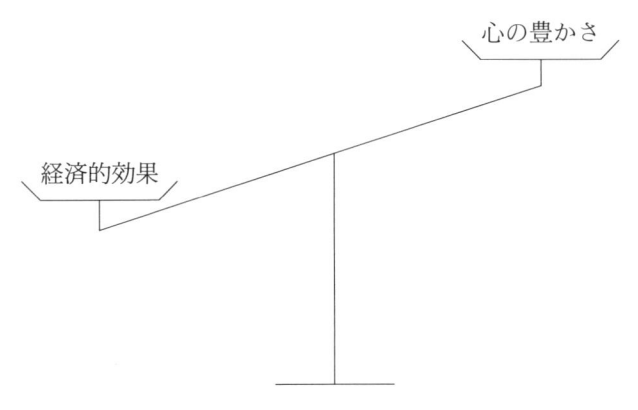

〈経済的効果〉
- 「勝ち組」「負け組」の意識
- 「競争呪縛型人間」
- 1人勝ち
- 大勝ち
- スーパーリッチ対プアー＋スーパープアー
- メガ・コンペティション
- 精神的堕落
- 異なった価値観，ものの見方，考え方の排除

〈心の豊かさ〉
- 「勝ち組」「負け組」の意識からの解放
- 「協働・勝者／勝者型人間」
- 「協働」と「勝者／勝者（ウィン／ウィン）」の重視
- 文化的多様性の活用
- 異なった価値観，ものの見方，考え方の理解と尊重

② ネオ・グローバリゼーション

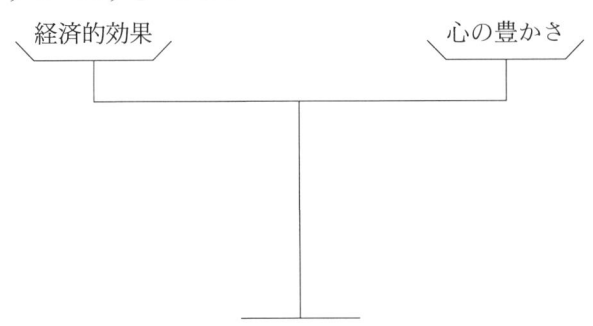

- 経済的効果と心の豊かさのバランス

それでは，現在のグローバリゼーションとネオ・グローバリゼーションをコンテキスト度，時間の概念，効率の概念の3つの側面から比較してみる（図表12）．

図表12　現在のグローバリゼーション対ネオ・グローバリゼーション

	現在のグローバリゼーション	ネオ・グローバリゼーション
コンテキスト度	低コンテクスト	低コンテクスト
時間の概念	Mタイム	M/Pタイム
効率の概念	効率第一主義	効果性（満足度）

コンテクスト度に関してであるが，結論から述べると，低コンテクストに成らざるをえない．低コンテクスト文化出身の人にとって，高コンテクスト文化出身の人のコミュニケーション・スタイルは，時に不愉快に感じられ，また，時に意味や内容が分からず，相手を困惑させる．先ほど説明したように，低コンテクスト文化出身の人は，隠された意味を解釈しなければならないからである．一方，高コンテクスト文化出身の人にとって，低コンテクスト文化出身の人のコミュニケーションは，同様に，不愉快であるが，意味や内容は理解できる．たとえ，日本語を共通語にしても，低コンテクストのコミュニケーション・スタイルをとらなければならない．言い換えれば，直接的なコミュニケーション・スタイルをとらざるをえない．これは高コンテクスト文化にとっては，「宿命」といった方が良い．しかし，他の行動様式や価値観は，アメリカ的なものに甘んじ

たとえば，時間の概念である．現在のグローバリゼーションは，スピード，期限を求めるので，Mタイムのビジネス行動をとることを期待する．しかし，Pタイムの人には，期限を厳守するという文化がない．Mタイムの文化出身の人は，Pタイムの文化では，Pタイムでビジネスが成立し機能している事実を理解していない．

現在のグローバリゼーションは，人間を駆り立て多忙に導き，心を亡ぼす．精神的な豊かさを取り戻すには，Pタイムとの調和が不可欠だ．

さらに，効率についても考えてみる．現在のグローバリゼーションは，明らかに効率第一主義である．それに対し，ネオ・グローバリゼーションは，有効性を重視する．たとえ，効率的に物事が進んだとしても，それに自分や相手が満足するか否かが問われるのである．

グローバル企業とは

グローバル企業の研究で高い評価を受けているM・マーカードによれば，グローバル企業は，一つの文化にルーツをおくが，多様性に価値をおく組織文化を創造する．グローバル企業においては，リーダーの多様性，即ち，国籍に関係なく，最も有能な人がポジションに就くことが求められる．しかし，彼の調査では，実際にこのような理想的なグローバル企業は少ない

という．

　グローバル・マネジメントの第一人者であるR・モランは，企業の発展段階に注目し，文化的要素によって4段階に分類している．

　第1段階は，自文化中心主義志向の企業である．自文化中心主義志向の企業では，マネジャーは本国志向が強く，同国籍の部下が他国籍の部下よりも知的で信頼できると信じている．すべての鍵となるマネジメントのポジションは，国内にある本社に集中している．

　第2段階は，多極主義志向の企業である．多極主義志向の企業は，受け入れ国志向が強く，マネジャーは「現地従業員が彼らにとって最もよいことは何かを知っている．彼らが利益を生み出す限り責任を与え，彼らに任せよう」と考える．

　第3段階は，地域中心主義志向の企業である．これらの企業は，地域志向が強く，一地域の人間のみが地域内の職務を効果的に調整できると信じている．たとえば，地域中心主義の組織は，アジアでの事業活動のマネジメントを日本の子会社に任せる選択をするかもしれない．地域中心主義の組織は，「地域の人間は，近隣諸国が何を望んでいるのかを知っている」と信じている．

　第4段階は，地球志向の企業である．地球志向の企業の究極的目的は，世界を視野に入れた統合的なシステムを創造する．地球志向の企業は，現地の多様性を認めながらも，普遍的な基

準を確立するために本社と海外にある子会社が協力することを求める．素晴らしいアイデアは，どの国からも生まれ，どの国からも流れていく．地球志向の企業では，国籍ではなく能力が重視される．

　また，マーカードも"グローバリゼーションの曲線"を描き，国内，国際，多国籍，グローバルと4段階に分類している．マーカードによれば，企業が第4段階に移ると，ヴィジョン，マインドセット（思考様式），価値観，活動，リーダーとヒーローといった企業の文化を構成する要素のすべてが，グローバルな性格を有するようになる．たとえば，グローバルなヴィジョンは，企業がグローバルな組織になろうとする時，その企業が望む将来像を描く．組織をグローバル化する鍵は，数人の社員がグローバルなマインドセットを身につけるのではなく，全社員がそれを備えることである．グローバル志向の人々は，異質な他文化に対して忍耐を持って理解するのみならず，他の諸国に関して精通しようという興味と情熱を持っていなければならない．グローバル企業は，スピードに価値を置く．マーカードによれば，スピードには，変化に対する反応のスピード，顧客の要望に対するスピード，組織開発のスピード，成功と失敗から学ぶスピードが含まれている．グローバル活動には，色々な方法によってグローバルなリーダーとヒーローを育成する．経験が豊かで尊敬を得ているグローバル・マネジャーがメンターとして選ばれ，新しいマネジャーがグローバル・マネジャーに

なるように支援し，グローバル・リーダーを育てる．

　このような像をマーカードは描いている．

　このマーカードのグローバリゼーション像をより有効にするには，地球規模に移動する社員と受け入れる社員の双方が，心理面でグローバルになっていなければならない．これは非常に重要であると思われる．心理的にグローバルという意味は，文化的に多様な価値観，考え方，ものの見方に対し，双方がオープンに柔軟に対応できるという意味である．一般に，日本人は，ネット上のグローバリゼーションには比較的対応できるが，「人間対人間」の接触におけるグローバリゼーションに対しては，心理的に準備ができていない．

　しかし，それは何も日本人に限った問題ではない．グローバリゼーションを主張しているアメリカ人にもあてはまるのだ．

　読者の中には，『ペンギンの国のクジャク』（BJギャラガー＆ウォレン・H・シュミット　田中一江訳）を読まれた方もいるだろう．このビジネス寓話に登場するペンギン国のペンギンたちは，「われわれは多様性を重んじる」と言っておきながら，まったく逆の行動をする．ペンギンたちと価値観，ものの見方，考え方，やり方等が異なるクジャクや他の鳥たちに対し，彼らは不快感を示し，受け入れようとはしない．

　アメリカで，この本に対するニーズがあるということは，多様性を重視しているはずのアメリカの組織においても，実は，ペンギンになる社員が多いという意味ではないだろうか．

そして，もう一つ，文化的多様性に関する話がある．筆者たちの友人（カナダ人）の異文化トレーナーが，アメリカ（オレゴン州）で開かれた異文化トレーナーのためのセミナーに参加した．このセミナーについての彼の感想が興味深い．

「失望したよ．アメリカ人の異文化トレーナーたちは，アメリカ人と同じように考えて，行動する人をグローバル化した人間だと思っているんだから」

本来，異文化トレーナーの役割は，色々な価値観，ものの見方，考え方を尊重するように促進することである．

これらの話は，①文化的多様性が存在しているアメリカでさえ，多様性に価値をおく組織文化を創造するのは困難である，②現在のグローバリゼーションは，多様性に価値をおいていないことを示唆している．

合併企業がグローバル企業に成長するには

ネオ・グローバリゼーションは多様性に重点を置いている．多様性は安定的ではないが，そのバランスをとりながら，安定を保つスキルを持ったマネジャーが存在すれば非常な強みを発揮する．

では，ネオ・グローバリゼーションの中で，日本の合併企業が生き残っていくための多様性の保持のスキルとは何か．

企業にはその企業独特のやり方，考え方，ものの見方，価値観等がある．その企業のやり方の癖やDNAが存在する．企業

合併はそれらすべてをもたらす．それらの多様性に対し「排除の論理」が支配的な企業文化からは真のグローバル企業は生まれ難い．そのような企業は，国内の「勝ち組」でしかない．国内で勝つことを大義にして，合併でもたらされる色々な価値観，ものの見方，考え方を潰すのはもったいない．グローバルにサバイブするチャンスを潰してしまっているのである．

　だが，日本の企業文化では，多様性を混乱や不安定と解釈し，多様性を活かすシステムがない．その結果，集団思考の罠にはまってしまう．

　前に述べたように，「価値観の平準化」や「価値観の均一化」をもたらしている現在のグローバリゼーションからはシナジー効果は生まれ難い．合併企業においても同様である．「勝ち組」が自分たちの企業文化を「負け組」に押しつけるのは，第1に強制された側の抵抗を生む．第2に，企業内における「価値観の平準化」や「価値観の均一化」をもたらす点において，シナジーに対する逆効果になる．真のグローバル企業とは，様々な価値観，考え方，ものの見方等の多様性が，キルトのパッチワークのように調和を示す，そういう強みのある企業である．

　そこで活躍するのが，企業異文化ファシリテーターである．殊に，企業合併において企業文化の異なる社員同士の相互理解を促進するKSAA（知識・スキル・能力・態度）を備えた企業異文化ファシリテーターは，合併企業を「生き残り」と「発展」に導いてくれる貴重な存在である．今，日本の合併企業に

求められているのは，企業異文化ファシリテーターの育成である．

第4章 「企業異文化シナジー」のプログラム

ある企業の人事担当部長の表情は険しかった．
「早期に意識の統合はできますか．どうせ何年もかかるだろうなんて言ってはいられないのです」
同席していた教育部次長は藁をもつかむような様子だった．
「どのような研修をやれば融合できるのか成功例を知りたいのですが」
ヒアリング調査に出かけたが，逆に質問を投げかけられた．

合併後，社内のコミュニケーションを促進し，社員の意識や心の問題に焦点を当てた研修が求められていることはどの企業でも明白である．言い換えれば，社員の「心や意識の底まで落とした研修」である．
合併企業で働く社員がヒアリング調査の中で語ってくれた数々の問題は，異文化マネジメントや異文化コミュニケーション論で扱う問題と酷似している．たとえば，文化的背景の異なる人とチームを組んで仕事をする場合や文化的背景の異なる人とコミュニケーションをとる場合に生じる問題と同類のものが多い．そしてこれらは，コミュニケーションの問題である一方，合併を機に同一組織内で働くことになった「強者」と「弱者」の間に生じる心理的な問題でもある．たとえば，「強者」と

「弱者」が抱く葛藤や内集団対外集団の意識というように．

　異文化論や心理学で扱う理論や概念を用いて，合併企業で働く社員の心や意識の底まで入り，彼らの心の葛藤を和らげ，早期に内集団，外集団，「勝ち組」「負け組」の意識を弱くすることはできないだろうか．社員の心理的抵抗の壁を低くし，効果的なコミュニケーションを促進することはできないだろうか．何か良いアイディアはないだろうか．

　そのような思いで，ヒアリング調査の結果に基づきながら，異文化論と心理学で用いられる理論や概念を援用し，「企業異文化シナジー」のプログラムを開発してみることにした．微量ながら，合併企業で働く社員の力になれば幸いである．

企業合併におけるシナジー効果（相乗効果）とは

　企業合併ではシナジー効果という言葉が頻繁に使用されるが，一体，何をもってシナジー効果が発揮されたと呼ぶのだろうか．企業合併におけるシナジー効果を考える場合，二つの効果を区別する必要がある（図表13）．

1．顕在化したシナジー効果

　規模の拡大や人員削減，店舗の統廃合，新商品の共同開発，システムの統合等を狙った企業合併は，経済的効果に焦点を当てている．経済的効果というハードなシナジー効果は，数値化ができるという特徴があり，顕在化したシナジー効果と呼ぶ．

図表13　企業合併におけるシナジー効果とは

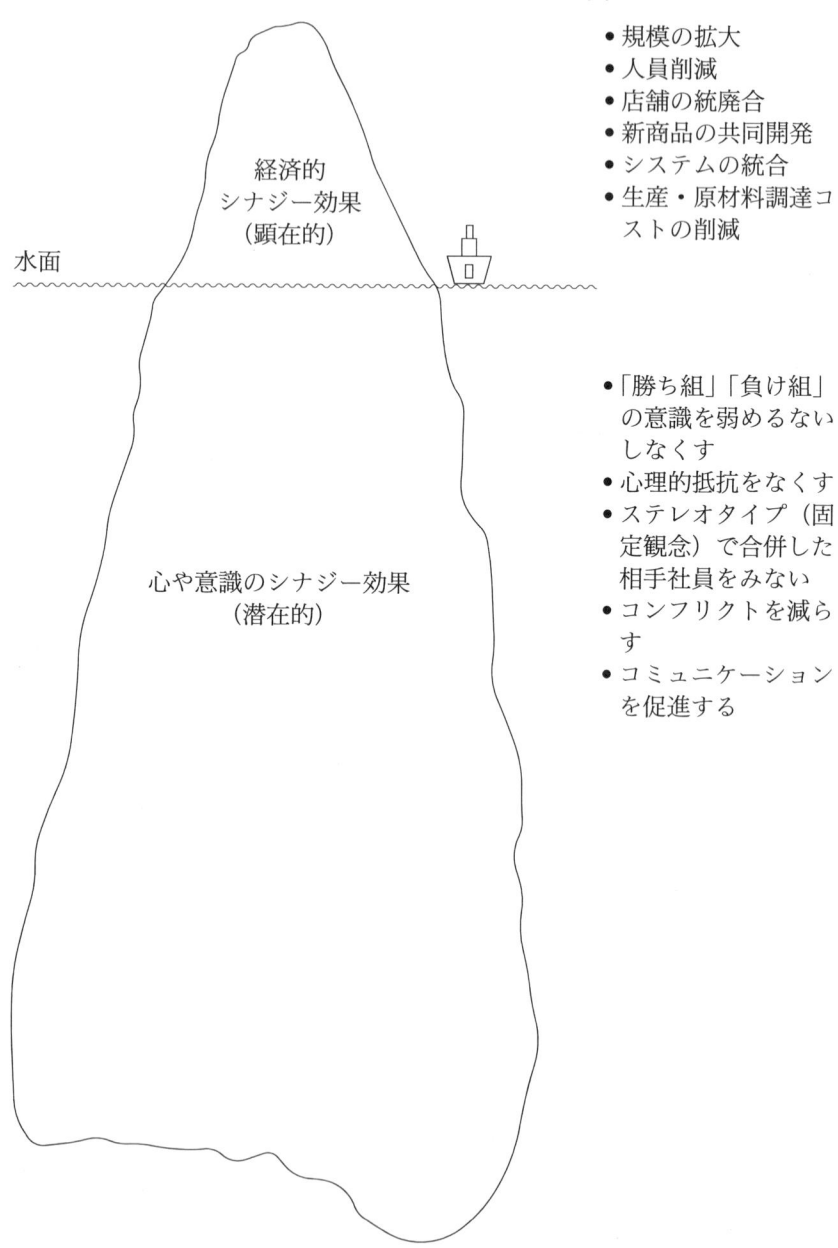

- 規模の拡大
- 人員削減
- 店舗の統廃合
- 新商品の共同開発
- システムの統合
- 生産・原材料調達コストの削減

経済的
シナジー効果
（顕在的）

水面

- 「勝ち組」「負け組」の意識を弱めるないしなくす
- 心理的抵抗をなくす
- ステレオタイプ（固定観念）で合併した相手社員をみない
- コンフリクトを減らす
- コミュニケーションを促進する

心や意識のシナジー効果
（潜在的）

トップは責務として，短期的に顕在化したシナジー効果を発揮することを要求される．経済的効果に焦点を当てたシナジー効果は，一時的に即座に発揮される．そこで，次のシナジー効果を模索していかなければならない．

　企業合併におけるシナジー効果といった場合，一般に経済的効果におけるシナジー効果，即ち，顕在化したシナジー効果を示している．

2．潜在化したシナジー効果
　心，意識，感情といった目にみえないレベルでのシナジー効果を潜在化したシナジー効果と呼ぶ．経済的効果といったハードな面におけるシナジー効果に対し，心，意識，感情といったソフトな面におけるシナジー効果である．

　合併した相手企業の社員に対し，マイナスの意識や感情を持って合併するケースが多くみられる．企業合併は，社員の心理からみるとマイナス感情からスタートするわけである．また，合併後は，「弱者」の中に「強者」のやり方や考え方に心理的に抵抗を示す社員がいる．「強者」は，「弱者」の心理的抵抗に対処していかなければならない．「強者」同士の合併においては，それ以上に抵抗しあい，妥協が難しい．合併企業における

職場のコミュニケーションの問題も，内集団対外集団といった社員の心，意識，感情に深く関わりがある．

合併により経済的効果が高まり，生き残ることさえできれば良しとなる．しかし，合併企業においては社員の心，意識，感情の問題が，組織，職場，チームといったあらゆるレベルにおいてコンフリクトを生じさせ，生産性を脅かす要因となるので軽視できない．

合併企業で働く社員の心，意識，感情のシナジー効果を発揮するためには次の事柄を遂行していかなければならない．

1　「勝ち組」と「負け組」の意識を弱めるないしなくす

2　旧社意識という意味での内集団対外集団の意識を弱める

3　合併した相手社員をステレオタイプでみない

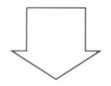

⇩

- 心理的抵抗が減る
- 職場で発生するコンフリクトが減る
- コミュニケーションが促進する

合併企業にみられるシナジー効果のねじれ現象

シナジー効果の種類

1. 「正」(プラス) のシナジー効果

   例　$1 + 1 = 5$　　$1 + 3 = 8$

2. 「負」(マイナス) のシナジー効果

   例　$1 + 1 = -3$　　$2 + 3 = -7$

　合併企業におけるシナジー効果は，ねじれ現象が現れている．経済効率の面では「正」のシナジー効果が，社員の心，意識，感情の面では「負」のシナジー効果がみられる．

合併企業で働く社員のための自己分析（I）

1．あなたは，自分を「勝ち組」と「負け組」のどちらに置いていますか．その理由は何ですか．

2．あなたは，合併が必要であったと思いますか．必要でなかったと思いますか．その理由は何ですか．

3．あなたにとって，企業合併はプラスに作用していますか．マイナスに作用していますか．何がプラスに作用していますか．何がマイナスに作用していますか．

第4章 「企業異文化シナジー」のプログラム　113

図表14　合併企業における社員の「勝ち組」「負け組」の意識

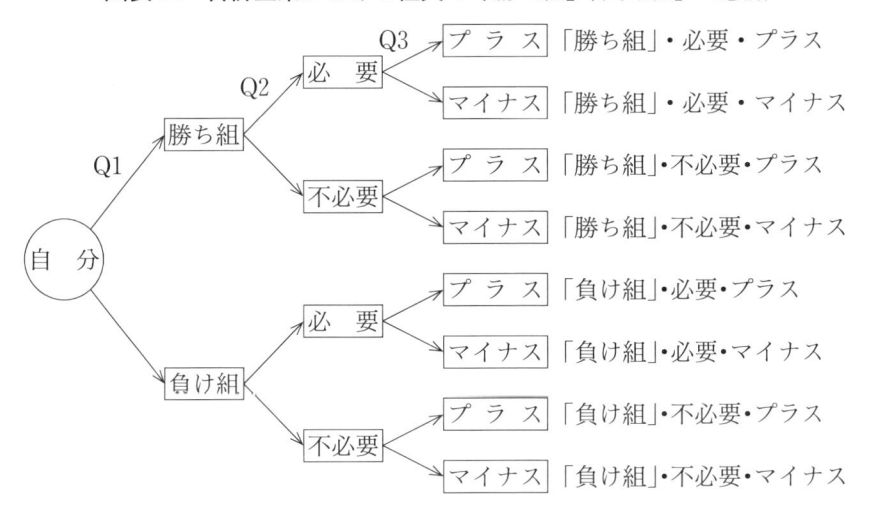

```
                          Q3 ┌─ プラス   →「勝ち組」・必要・プラス
              Q2 ┌─ 必　要 ─┤
                 │          └─ マイナス →「勝ち組」・必要・マイナス
      ┌─ 勝ち組 ─┤
      │          │          ┌─ プラス   →「勝ち組」・不必要・プラス
   Q1 │          └─ 不必要 ─┤
      │                     └─ マイナス →「勝ち組」・不必要・マイナス
 自分─┤
      │                     ┌─ プラス   →「負け組」・必要・プラス
      │          ┌─ 必　要 ─┤
      │          │          └─ マイナス →「負け組」・必要・マイナス
      └─ 負け組 ─┤
                 │          ┌─ プラス   →「負け組」・不必要・プラス
                 └─ 不必要 ─┤
                            └─ マイナス →「負け組」・不必要・マイナス
```

Q1　あなたは，自分を「勝ち組」「負け組」のどちらに置いていますか．

Q2　貴社の合併・統合は，必要であったと思いますか．必要でなかったと思いますか．

Q3　あなたにとって，企業合併はプラスに作用していますか．マイナスに作用していますか．

企業文化

企業に参加する人々に共有されている価値観と，共通の考え方，意思決定の仕方，および目に見える行動パターンの総和（河野豊弘・S. R. クレグ）．

企業文化は，①社員の思考・行為様式を性格づけ，社内に共通の思考・行為様式を形成する，②企業の発想と活動の仕方を性格づけ，企業の体質を形成する（梅澤正）．

我が社のDNA．仕事のやり方の癖．

文化的価値観

ある文化における支配的な価値観のこと．たとえば，勤勉の尊重，成果の重視，謙譲の美徳等．

合併企業における文化的価値観

ここでは合併企業において支配的な価値観とする．たとえば，堅実の尊重，効率の重視，スピードの重視等．

合併企業で働く社員のための自己分析（II）

1. あなたは企業文化というものが存在すると思いますか．

2. では，存在するとしたら，あなたが仕事をしていた会社の企業文化はどんなものであったと思いますか．たとえば，官僚的，自由闊達，和の重視等．

3. 合併した相手の会社の企業文化は，どんなものであったと思いますか．

4. 合併した相手企業は，あなたの企業の文化をどのようにみていると思いますか．

企業文化に対する気づき度（認知度）を高める

1．左右の列には相対する価値観がリストされています．あなたが，合併前に所属していた企業が重視していたと思われる，あるいは，支配的だったと思われる価値観を選び，ラインマーカーで印をつけてください．

2．合併した相手企業が重視していたと思われる，あるいは，支配的であったと思われる価値観を選び，別の色のラインマーカーで印をつけてください．

3．合併後の新会社が重視していると思われる，あるいは，合併した新会社で支配的であると思われる価値観を選び，別の色のラインマーカーで印をつけてください．

4．すべての印を色別に結び，グラフを作成してください．

図表15　企業文化に対する気づき度（認知度）

意思決定のスピードが速い（効率）		意思決定のスピードが遅い（堅実・慎重）
のんびり（お坊ちゃん型）		アグレッシブ（攻撃型）
リスクテイキング		リスク回避
自由闊達		官僚主義
分権型		本社一極集中型
加点主義		減点主義
個人重視（個性）		組織重視（組織力）
性善説		性悪説

合併企業で働く社員のための自己分析（III）

1. あなたは合併した相手の企業文化（例　我が社のDNA，仕事のやり方の癖，考え方，進め方，価値観等）が好きですか，嫌いですか．どのような点が好きですか．それとも嫌いですか．相手の企業文化のどのような点を受け入れることができますか．できませんか．

2. あなたが合併前に所属していた企業と合併した相手企業の文化のメリット／デメリットについて考えて下さい．

3. あなたは，普段，仕事のやり方，考え方，進め方，価値観等が違った人に出会ったら，どのように反応し対応しますか．

4. 合併後の新会社が重視している価値観，あるいは新会社において支配的な価値観の中で，あなたが合併前に所属していた企業や合併した相手企業にみられなかった価値観がありますか．もしありましたら，それはどのような価値観ですか．

5. あなたは，新会社の企業文化が自分に合っていない場合，転職できると思いますか．

企業文化と"適切"な行動

　異文化環境で仕事をする場合，文化的価値観にあった行動が"適切"で"望ましい"行動になり，高く評価される．「人間は文化の産物」であり，文化は人の行動をコントロールしている．同様に，ある企業ではその企業の価値観にあった行動が"適切"で"望ましい"行動になり，高く評価される．裏を返せば，A社では"適切"で"望ましい"行動が，異なった価値観が支配的なB社では"不適切"で"望ましくない"行動になる場合もある．合併企業で，コンフリクトが生じる理由の一つには，企業文化の相違がある．

　異文化論から述べると，シナジー効果は相違から生まれる．異なった考え方，ものの見方，価値観等を排除すれば，シナジー効果は生じにくい．企業文化でも，どちらかの企業文化が——大抵は「強者」の文化であるが——支配的になれば，シナジー効果は発揮されない．

　合併した日本企業が外資系企業に対抗し，真のグローバル企業になるには，異なった考え方，ものの見方，価値観等が存在し，しかもそれらがコンフリクトを生まないような組織創りが必要になる．

企業文化とシナジー

シナジーには，融合型シナジー，支配型"シナジー"，混合・特化型シナジー，パッチワーク・キルト型シナジーがある（図表16）。

図表16　企業文化とシナジーのタイプ

①融合型シナジー

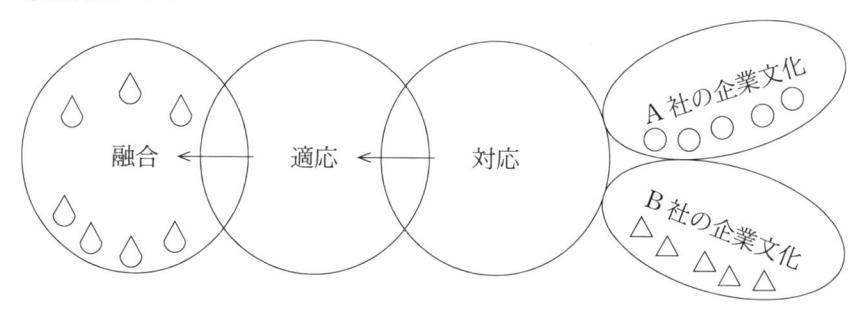

融合 ← 適応 ← 対応　　A社の企業文化／B社の企業文化

- 第3の文化
- 従来考えられていたシナジーのタイプ
- 長期的
- 理想的

②支配型"シナジー"

A社の企業文化 ← A社の企業文化　B社の企業文化

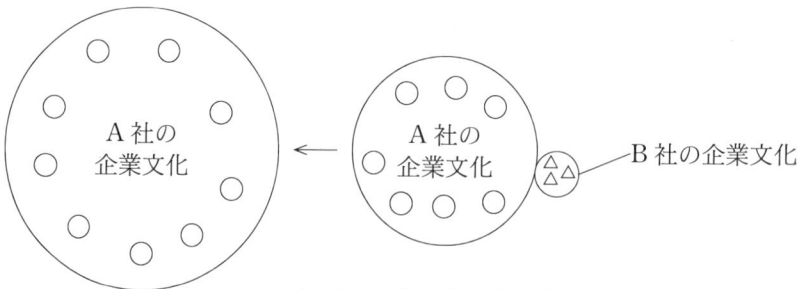

- A社の企業文化の肥大化
- B社の企業文化の消滅
- 短期的
- 心理的抵抗―大
- 脆弱な組織

第4章 「企業異文化シナジー」のプログラム　121

③混合・特化型シナジー

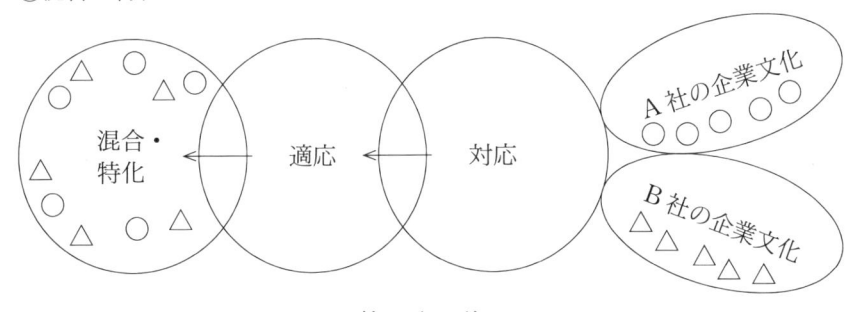

- 棲み分け型
- 短期的
- 現実的
- 心理的抵抗—小

④パッチワーク・キルト型シナジー

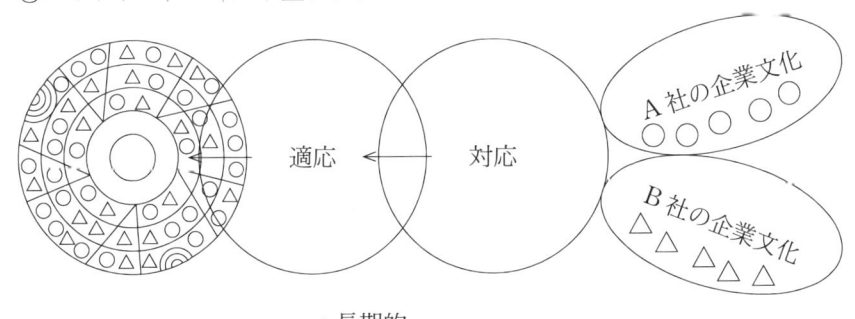

- 長期的
- 全体的にみると調和
- 強い組織

DIE 分析

効果的なコミュニケーションをとるには，DIE 分析を行う必要がある（図表 17）．

図表 17　DIE 分析

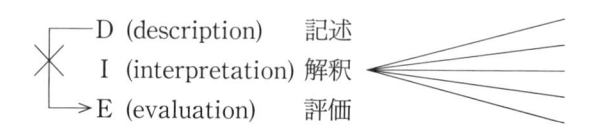

```
 ┌─ D (description)     記述
 ╳   I (interpretation) 解釈 ◁─────
 └▷ E (evaluation)      評価
```

1．相手の行動を観察し記述したらすぐに評価してしまう．

　（例）米国人マネジャーのトムさんが，部下の山田さんがアイコンタクトをしないで話をしているのを観察した．

2．記述→評価

　（例）「山田さんはアイコンタクトをしていない（記述）ので，自信のないやつだ（評価）」

　（例）「山田さんはアイコンタクトをしていない（記述）ので，嘘つきだ（評価）」

3．相手の行動を観察し記述したら，色々な解釈をしてみる．文化により解釈の仕方が異なるからである．

　（例）トムさんの文化では……
　● 自信がない

- 何か嘘をついている
- 何か隠している

（例）違う文化では…
- 謙虚な人間である
- 礼儀正しい
- アイコンタクトを避けるのが普通である

4．上のように色々な解釈の可能性を探り，評価は遅らせることが重要である．

5．**企業文化により違った解釈があることを理解する**
　　　　　⇩
　　同じ行動や事象をみても解釈が違う

合併企業における内集団対外集団の意識

　合併企業では内集団対外集団の意識が強くなる．合併前に自分たちが所属していた会社を内集団，合併した相手企業の会社を外集団と捉える．

　ある合併企業では，新会社の人事は「オセロゲーム」と呼ばれ，どちらの出身の社員がポジションに就くかを競う．合併した相手企業の社員が多い職場へ異動する社員は，「パラシュート部隊」と呼ばれる．合併した相手企業の社員とコミュニケーションをとると，上司が睨みつける．

　自分たちを「勝ち組」と呼ぶのも内集団と外集団の意識の現れである．合併した相手企業が「拾ってやったと思っているんじゃないか」と感じるのも内集団と外集団の意識からである．また，合併後の新会社でも「うちはこうだ」「おたくはこうでしょ」というコミュニケーションの中にも，内集団と外集団の意識がみえる．

　内集団と外集団の意識は，結束を高めるというメリットもあるが，ほとんどの合併に関しては，企業の生き残りにとってマイナスになる危険がある．

一般に，内集団に属するメンバーの行動は好意的に，外集団に属するメンバーの行動は非好意的に捉える傾向がある．帰属理論によれば，人は行動や出来事の原因を推測し，「特性」か「状況」に帰する．

　内集団のメンバーは，相手が内集団か外集団に属しているか否かにより，相手の行動を「特性」や「状況」に使い分けながら好意的・非好意的に解釈する．

　合併後の新会社において，自分の意識の上で内集団に属している人がミスを犯した場合，「状況」にその原因を帰する．つまり，「上司が相手側の企業の出身者だったから不運だった」「タイミングが悪かった」と言い，「状況」にその原因を帰する．成功した場合は，「能力があったからだ」「努力家だからだ」と言い，その人の「特性」にその原因を帰する．

　合併後の新会社において，自分の意識の上で外集団に属している人が成功した場合，「運が良かっただけ」と言い，その原因を「状況」に帰する．失敗すれば，「能力がなかったからだ」といい，その原因を「特性」に帰する．

　内集団と外集団の意識は，日本企業の合併のみならず，外資系生命保険会社が日本の生命保険会社を買収したケースにおい

ても現れる．特に，会議を開くと，内集団と外集団の意識が顕著に出る．

外資系生命保険会社に属するアメリカ人，インド人等の非日本人社員と日本人社員が結束する一方で，買収された日本の生命保険会社の日本人社員が団結し抵抗する．内集団にとって，外集団に属しているメンバーは敵であるという意識が集団の結束を強化する．買収側の非日本人と日本人社員の間には，普段は結束力がみられないが，会議を開くと，敵を創ることにより結束する．

内集団は不安を減じ，安心感を持たせてくれるというメリットもある．しかし，内集団，外集団の意識の強い組織からはプラスのシナジー効果は生まれ難い．「うち」と「おたく」の垣根を取り除いていくには，「うちはいい．おたくは違う」「うちのやり方に合わせろ」といった発言よりも，相手を理解するための説明が必要である．

合併企業で働く社員のための自己分析（Ⅳ）

1．内集団と外集団の意識が実際に存在しています．あなたは，内集団と外集団という意識を持っていますか．考えてみてください．たとえば，自分の家と妻の実家．自分の出身高校と他の高校．自分が働いている部署と他の部署．

2．あなたはこれまでに内集団と外集団という意識があったために，合併した相手企業の社員と円滑なコミュニケーションができなかったと思われるような状況はありませんでしたか．ありましたらその時の状況を詳細に描いて下さい．

3．次回，同じような状況に置かれたら，どのようにして相手企業の社員と円滑なコミュニケーションをとることができると思いますか．

4．内集団と外集団という意識は，「勝ち組」「負け組」「存続会社」「消滅会社」と関係がありますか．

合併企業にみられる集団思考の罠

ケネディ政権におけるキューバ侵攻作戦の失敗やベトナム戦争の泥沼化の原因は集団思考にある（I・ジャニス）。レーガン政権におけるスペースシャトルの爆発事故の原因も集団思考にあると考えることが可能である．

集団思考とは，凝集性の高い集団でみられ，集団内の意見の一致を重視するあまり，とりうる可能性のあるすべての行動を評価しようとしなくなる思考様式のことである（I・ジャニス）．

仲良しチームは，メンバーを互いに引きつけあっている力が働いており凝集性が高い．

凝集性の高い集団の特徴
- メンバーは「私」というよりも「我々」「うち」という言葉を用いる．
- チーム内には友好的な雰囲気がある．
- 集団内のコミュニケーションは良好で活発である．
- 凝集性の高い集団は，生産性が高くメンバーの満足度も高い（M・ショウ）．

集団で意思決定を行う場合，過度に凝集性の高い集団では，

代替案や選択肢を探さない結果，集団思考の8つの病的現象が現れる（I・ジャニス）．

過大評価
1 集団が無敵であるという幻想を持つ．
2 集団のメンバーは，決定についても倫理性を検討しない．

狭い了見
3 決定を再考せず正当化する合理化の傾向がある．集団がとろうとしている行動が外部集団によって，正当化されるだろうと思い込む．
4 敵は悪魔であるというような極端なステレオタイプを持つ．

全員一致の圧力
5 グループのコンセンサスから逸脱していないか自己検閲を行う．
6 他のメンバーの沈黙を同意と誤解し，全員一致の幻想を持つ．
7 反対者に対しては，集団的に直接圧力をかける．誰であれ，異議を申し立てる者は，同調するように圧力がかけられる（同調圧力）．
8 あるグループメンバーは，反対者が反対意見を出さない

ように阻止する役割を担う．

　新会社において，社員が「内集団対外集団」「勝ち組対負け組」という意識を持ち，外集団に属する社員のものの見方，考え方，価値観，行動等を全面的に否定すれば，組織全体が集団思考の罠にはまってしまう．新会社では「排除の論理」が強くなるからである．

　異文化論から述べると，異なったものの見方，考え方，価値観等の文化的多様性があれば，集団思考の罠を回避できる．企業合併により社員がもたらす異なったものの見方，考え方，価値観は，マネジメントの仕方いかんで，シナジーを発揮したり，逆に，集団思考の罠を生じさせたりする．

　グローバル企業は多様性を重視している企業である．合併により多様性のある価値観，考え方，ものの見方が入ってくる．国内で勝つことを大義にして色々な価値観，考え方，ものの見方を潰すのはもったいない．グローバルにサバイブするチャンスを潰してしまっている．

　だが，日本人の考えには多様性を混乱と捉え，多様性を活かすシステムがない．それを考える必要がある．結局，集団思考の罠にはまってしまい，シナジー効果が出ない．

合併企業で働く社員のマインドレスな状態

マインドレスとは

　マインドレスには個別の三つの定義がある（E・ランガー　図表18）。

図表18　マインドレス

マインドレス
1．カテゴリーの罠にはまっている状態
2．自動的・固定的に行動している状態
3．一つのものの見方しかできない状態

　マインドレスは，コミュニケーションの効果性と関係がある。マインドレスな状態にあったり，マインドレスな行動をとっていると効果的なコミュニケーションは図れない（W・グディカンスト）。

1．カテゴリーの罠にはまっている状態
　合併した相手企業の社員の考え方，やり方，行動，態度を「勝ち組」「負け組」「強者」「弱者」というカテゴリーを通してステレオタイプでみる。

2．自動的，固定的に行動している状態
　人間は行動を学習する。新しい行動を学習する際は，意識的

に行動を身に付けようとするが，同じ行動を繰り返していく内に，あまり意識しなくても行動ができるようになる．行動が固定的・自動的になったからである．

マニュアル式の車をはじめて運転した時のことを考えてみる．最初は，第1段階，第2段階と意識してギアーを入れたが，繰り返し練習していく内に，あまり意識しなくてもギアーを入れることができるようになる．行動が固定的・自動的になったからである．

合併企業では，合併前に所属していた企業文化の影響を受けた行動や態度をとる．合併企業で働く社員の行動は，無意識の内に自動的・固定的になっている．

アグレッシブな企業文化で育った社員は，競争に価値を置き，結果を求めてアグレッシブに仕事に取り組む．そのような行動が"適切"であり"望ましく"高く評価されるからである．「堅実」な企業文化出身の社員は，意思決定をする際に，石橋を叩いても渡らないぐらい慎重に行動する．「自由闊達」な企業文化で育った社員は，インフォーマルな雰囲気を好み，オープンな行動をとる．

自分が所属している企業が重視する価値観に基づいた行動が

"適切"であり，"望ましく"高く評価される．したがって，その企業が重視する価値観に基づいた行動は強化されていき，結局，自動的で固定的な行動になる．

新会社では，合併前に自分が所属していた企業の文化に基づいた"適切"な行動や態度を身につけた状態で，相手企業の社員と働くことになる．そこで，コンフリクトが生じたり，円滑なコミュニケーションがとれないという問題が起こる．新会社で合併した相手企業の社員と効果的なコミュニケーションをとるには，自分のマインドレスな行動を洗い直し，マインドレスからマインドフルになる必要がある．

3．一つのものの見方しかできない状態
　合併後，自分や自分が所属していた企業のやり方，ものの見方や考え方を良しとし，相手企業の社員のやり方，ものの見方や考え方を全面的に否定する傾向がある．

　自分が所属していた企業のやり方が正しいと頭から信じ込んでいるので「うちのやり方に合わせろ」という．一つのものの見方や考え方しかできないので，選択肢や代替案を創れない．

合併企業で働く社員がマインドフルになるには

マインドフルとは

マインドフルには3つの個別の定義がある（E・ランガー　図表19）．

図表19　マインドフル

マインドフル
1．新しいカテゴリーを創造できる状態 2．新しい情報を受容できる状態 3．複数の考え方を容認できる状態

合併企業で働く社員がマインドフルになるためには

１．新しいカテゴリーを創造できる状態

　合併企業においては，合併した相手企業の社員の行動を互いに先入観に基づいて解釈する傾向がある．新会社で社員が用いるカテゴリーとは，合併前に所属していた「会社名」（それに付随した「勝ち組」「負け組」）である．カテゴリーの罠にはまった状態から脱出し，マインドフルな状態になるには，従来のものの見方，考え方といったパラダイムをシフトさせ，新しいカテゴリーを創造する必要がある．

　たとえば，合併した相手企業の社員の趣味，故郷といった別

のカテゴリーを用いて，個人レベルで相手を見直してみる．

2．新しい情報を受容できる状態
　人は文化的背景の異なる人と接すると，自文化の価値観で相手の文化を判断する．合併企業においても，自分が所属してきた企業の価値観で合併した相手企業の社員を判断する傾向がある．

　「堅実」と「慎重」を重視する官僚的な企業文化出身の行員は，「自由闊達」でインフォーマルな企業文化出身の行員を「いい加減なやつら」とみる．一方，「自由闊達」でインフォーマルな企業文化出身の行員は，「堅実」と「慎重」に価値をおく官僚的な企業文化出身の行員を「柔軟性のないやつら」とみる．これらの行員は，合併した相手企業の社員がもたらす仕事に対する新しいやり方，考え方，ものの見方等の情報を受け入れる心の準備ができていない点に問題がある．

　中には合併した相手の企業文化に，意思決定が速い等のメリットを見出す行員もいる．合併した相手企業のやり方，考え方，ものの見方に「なるほど」と思い，新しい情報を受容できる行員がいる．誰かがやったことをみて好奇心を持ち，習うことによって，企業文化は伝播されていく．

3．複数の考え方を容認できる状態

　新しいやり方，考え方，ものの見方等の情報に好奇心を持てば，複数のやり方，考え方，ものの見方を受け入れる可能性が増す．また，ベストなやり方を追求する姿勢が複数の考え方ややり方を容認できるように導き，マインドフルな状態にさせる．合併企業では，マインドフルな人，即ち，好奇心の強い人を見つけブリッジに使う方法が有効である．

合併企業で働く社員のための自己分析（Ⅴ）

1．マインドレスな状態であったために，合併した相手企業の社員と円滑なコミュニケーションがとれなかったことはありませんでしたか．また，合併した相手企業の社員とギクシャクした関係になってしまったことはありませんでしたか．それらの状況を思い浮かべて詳細に書いてください．

2．どのようにすれば，円滑なコミュニケーションができ，良い人間関係が築けたと思いますか．同じような状況に直面したら，次回はどのように対処しますか．

「強者」と「弱者」の意識がもたらす心理的悪循環

「強者」「弱者」の意識は，心理的悪循環をもたらす（図表20）．ループをどのようにしてカットすればよいのか．

図表20　「強者」と「弱者」の意識がもたらす心理的悪循環

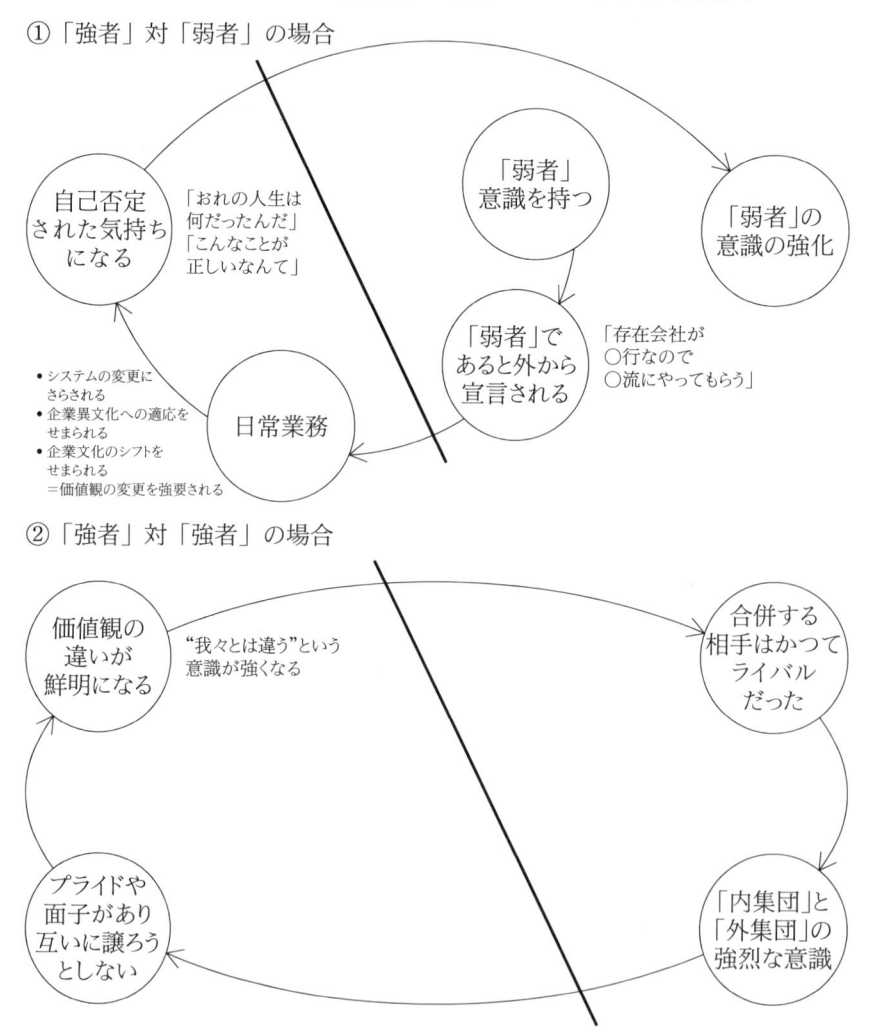

① 「強者」対「弱者」の場合

- 自己否定された気持ちになる
  - 「おれの人生は何だったんだ」
  - 「こんなことが正しいなんて」
- 「弱者」意識を持つ
- 「弱者」の意識の強化
- 「弱者」であると外から宣言される
  - 「存在会社が〇行なので〇流にやってもらう」
- 日常業務
- システムの変更にさらされる
- 企業異文化への適応をせまられる
- 企業文化のシフトをせまられる
  ＝価値観の変更を強要される

② 「強者」対「強者」の場合

- 価値観の違いが鮮明になる
- "我々とは違う"という意識が強くなる
- 合併する相手はかつてライバルだった
- プライドや面子があり互いに譲ろうとしない
- 「内集団」と「外集団」の強烈な意識

合併企業にみられる社員の心理的抵抗

合併企業でみられる社員の心理的抵抗には5つの要因があり，それらはマインドレスな状態であるという点で共通している（図表21）。

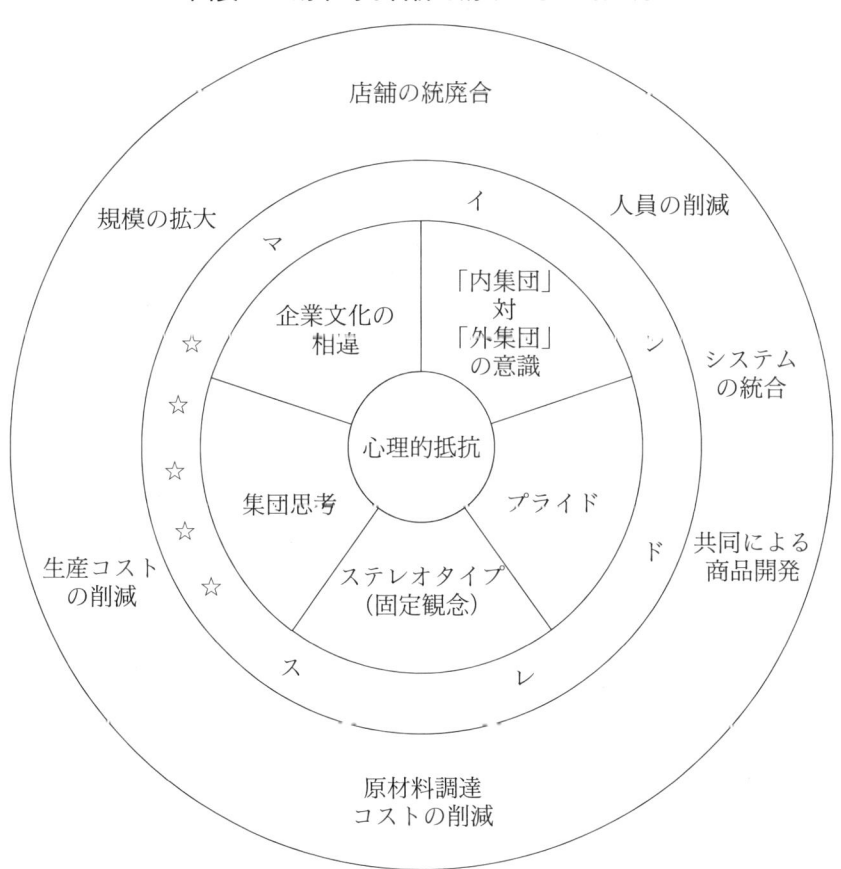

図表21　効果的な合併を妨げる心理的抵抗

外側の円（合併の目的・効果）：店舗の統廃合、人員の削減、システムの統合、共同による商品開発、原材料調達コストの削減、生産コストの削減、規模の拡大

中間の円（マインドレス）：マ　イ　ン　ド　レ　ス

内側（心理的抵抗の5要因）：企業文化の相違、「内集団」対「外集団」の意識、プライド、ステレオタイプ（固定観念）、集団思考

中心：心理的抵抗

1．内集団対外集団の意識

 合併後も新会社では，合併前に所属していた会社が内集団であり，合併した相手企業は外集団であるという意識がある．同じ釜の飯を食べてきた内集団の上司から指示・命令を受けたいという社員も存在する．「勝ち組」出身の上司が「負け組」出身の部下に，自分たちのやり方や考え方を押しつけた場合，心理的に抵抗を示すケースがある．

 厄介なことは，内集団と外集団の意識が「勝ち組」「負け組」に結びついている点である．新会社で働く社員の意識には，内集団，外集団，「勝ち組」「負け組」といったカテゴリーが存在する．

2．プライド

 合併した相手企業の部下に対する「存続会社がうちなので，うち流にやってもらう」という発言は，相手のプライドを傷つけ心理的抵抗を生む．「負け組」の社員が，「我々のいいところを取り入れようという発想がない．頭から否定することもあるし」と語っているのも，「勝ち組」が合併した相手企業の部下（「負け組」）のこれまでのやり方，考え方，価値観を全面的に否定してしまった結果，心理的抵抗を生じさせた一つの例である．「勝ち組」は，合併した相手を「負け組」だという目でみながら，彼らがもたらす新しいやり方や考え方を排除し，一つ

のものの見方，つまり「勝ち組」の旧来の価値観に固執している．

3．ステレオタイプ

　合併した相手企業の社員の行動や態度を，相手企業に対して抱いていたイメージ，先入観，固定観念によって判断する．それも正当な根拠のない大抵世間で言われているようなイメージを受け入れたり，同じ職場にいる先輩や同僚に言われたのを鵜呑みにする．せいぜいいいところで，自分の知っているその企業に所属する少数の人々に対して自分が抱いているイメージを全体のものとして膨らませる．そうしたものを通して，合併した相手の行動を判断する．大抵の場合は，それはマイナスのものである．

　自分が慣れ親しんできた行動や考え方と相反する行動や考え方に対して心理的抵抗を示す．

4．集団思考

　合併後，異なったものの見方，考え方，やり方をする社員を排除する傾向があるので，された側の社員——十中八九「負け組」の社員であるが——に心理的抵抗が芽生える．類似したものの見方，考え方，やり方をする組織は，意思決定をする際，集団思考の罠にはまる可能性がある．

5．企業文化の相違

　新会社での社員の行動や態度は，合併前に所属していた企業文化の影響を受けているので，自動的で固定的になる．これまでとは，異なった行動や態度を押しつけられると，押しつけられた側の社員——「負け組」の社員であるが——に心理的抵抗が芽生える．

心理的抵抗を突破するには

内集団の意識が強い人は，自分が所属している集団に対して忠誠心が強く，外集団に対して心理的抵抗があるのは当たり前である．しかし，合併を成功させるには，心理的抵抗を突破していかなければならない（図表22）．

心理的抵抗はマインドフルの芽生えであり，変えられる契機を含んでいる．

図表22

マインドレス ⇒ 心理的抵抗 ⇒ マインドフル

心理的抵抗からマインドフルな状態への移行
　1．オープン（開放的）
　2．柔軟性
　3．好奇心

異なった価値観，考え方，ものの見方に対しオープンであり，柔軟に対応し，好奇心を持つことにより，心理的抵抗を突破しマインドフルな状態に移行できる．

心理的抵抗を生みやすい否定的な言い方

　人間関係はコミュニケーションである．心理的抵抗を生みやすい否定的な言い方を避ける必要がある．

「存続会社はうちだから，うち流にやってもらう」
「うちのやり方はこうだったから，こうしてもらいたい」
「こっちの方が合理的だと思うけど」（自分たちのやり方を指して）
「うちのやり方に合わせてもらうよ」
「そんなやり方だから……」
「そっちでは知らないけれど，こっちではこうやってきたから」
「違う，違う，違う」
「これではだめ」
「これは違っている」
「そんなやり方ではらちがあかない」
「子どもみたいなやり方をするな」
「こいつばかか」と思っていると顔に出る
「そんなこともできないのか」
「そんなことも知らないのか」
「え，知らない」
「え，分からない」

「そんなことやってたら日が暮れる」
「そんなことやってはいけないことぐらい分かるだろう．子どもじゃないんだから」

心理的抵抗を防ぐ肯定的な言い方

あることに関して，自分のやり方の方が客観的にみて優れていて，そのやり方で事務処理を行いたいと思うような時，どのような言い方をしたらよいか．

「ちょっと悪いけど，この件についてはうちのやり方でやらせてもらえないかなあ．こちらの方が，一段階手間がはぶけると思うんだけれど」

- 明確な根拠を言う
- 非言語に気をつける（目線，声のトーン，フレンドリーな態度等）
- 極力押しつけない

心理的抵抗を防ぐ効果的なフィードバック

「いい加減なやつだ」という言い方は，相手の人格に焦点を当てたフィードバックである．それは，心理的抵抗を生む．

効果的なフィードバックは，相手の行動に焦点を当てることにより，相手の行動を変えたり強化する．

第5章　企業異文化ファシリテーターとは

　合併企業においてコミュニケーションの効果性を高めるには，企業異文化ファシリテーターの活用が鍵となる．

　ファシリテーションやファシリテーターという言葉は，日常では聞き慣れない言葉であるが，その重要性が注目され始めている．ファシリテートには，容易にする，楽にする，促進するといった意味がある．ファシリテーションを行う人をファシリテーターと言い，一般に，ファシリテーターとは，討論などの進行役やまとめ役を指す．

　経営の分野では，ファシリテーターは会議などにおいて参加者の価値観や意見の共有を促し，会議を有効化する役割を担い，トレーニング等においては，参加者の積極的な関与を促す役割を果たす．ここでは，ファシリテーションを「促進」，ファシリテーターを「促進者」の意味で用いる．

　企業異文化ファシリテーターの目的は，合併企業において異なった企業文化で育ち，仕事に対して違ったやり方・考え方・ものの見方をする社員のコミュニケーションを促進し，社員間にある心理的な壁を低くすることである．

　次に，企業異文化ファシリテーターの役割についてみていく．

企業異文化ファシリテーターの役割

> 1．異なった企業文化で育った社員の考え方，ものの見方，価値観等を共有化させ，コミュニケーションを促進する．

企業異文化ファシリテーターは次のような方法でコミュニケーションを促進する．

1　合併した相手企業の社員をステレオタイプで判断しないように促進する．

合併した相手企業の社員の行動や態度をステレオタイプで判断し，偏見のある態度で接触すると，円滑なコミュニケーションがとれない．そこで，企業異文化ファシリテーターは，合併した相手企業の社員をステレオタイプで判断しないように促進する役割を果たす．彼らが抱いているステレオタイプを捨てたり，修正したりするのを助ける．

2　合併後，新会社での会議において「人と問題を切り離す」ように促進する．

「人と問題を切り離す」には二つの側面がある．

(1) 攻撃する側は，合併した相手企業の社員の人格を攻撃するのではなく，問題点を攻撃することに留意する．仕事に対する考え方，進め方，価値観等の相違から，合併した相手企業の社員の人格を攻撃すると，コンフリクトはエスカレートし，敵意は強まるばかりである．特に，相手に対し否定的なステレオタイプを抱いていると人格を攻撃しやすい．人格を攻撃すれば，建設的な意見が出ず，意見，ものの見方，考え方，価値観の共有化ができない．職場においてプラスのシナジーは，生まれない結果になる．

(2) 攻撃を受ける側は，合併した相手企業の社員から自分の意見，ものの見方，考え方を否定された時，人格を否定されたと解釈せず，また，感情的にならないようにする．

3 合併した双方の社員が，他のやり方，考え方，ものの見方に好奇心を持つように促進する．

自分がこれまでやってきたやり方や考え方以外にも，ベストまたはベターなやり方や考え方があるのではないかと考え，それらを探すように促す．相手企業の他のやり方，考え方，ものの見方が，自分が探し求めているものかもしれない．

> 2．合併後，「強者」に対しては「弱者」からの心理的抵抗に対処しながら，合併をプラスに捉えるように促進する．

合併企業では，「弱者」側の社員が心理的に抵抗を示すが，そうさせる原因には「強者」側にもある．

一般に，心理的に抵抗をする社員を無視したり排除する傾向があるが，彼らを包み込み，説得し，彼らの行動を変革させなければならない．「弱者」側は日常的に葛藤を持っていることを理解する（図表23）．

図表23　「弱者」側の社員の葛藤

相手のやり方，考え方，価値観を受け入れることは，これまでの自分のやり方，考え方，価値観を否定してしまうことになる．自己否定したくない．	葛藤	相手のやり方，考え方，価値観を受け入れなければ，新会社ではサバイブできない．自己否定しなければならない．

葛藤をほぐし合併を肯定的に捉える方法（「強者」の立場から）
- 合併した相手企業の社員（「弱者」）のやり方，考え方，価値観にメリットを見出す．それを言動に出す．
- メリットが見出せない場合でも，最低限，相手企業のやり

第5章　企業異文化ファシリテーターとは　151

方，考え方，価値観を頭ごなしに否定する発言をしない．
- プライドを傷つけるような言動をしない．

　合併は，経済的効果をみるとプラスに働くが，社員の心理としてはマイナスから始まることが多い．そこで，合併企業においては，社員の心理をまずマイナスからゼロにもっていき，プラスに変える必要がある（図表24, 25）．

図表24　心理的にマイナスからゼロへ

| 「子どもの教育費やローンがあって大変なのに，給料が下がってしまった」「せっかく課長になったのに降格してしまった」 | マイナスとプラスをブレンドすることによって相殺する | 「会社自体もサバイブできたし，自分も首を切られないですんだ」「1社では無理であったが，合併したことにより，1位あるいは外資を脅かす存在になれた」 |

- 負の要素のみが浮かび心理的にマイナスになるので，正の要素とブレンドし，心理的にゼロにする

図表25　心理的にマイナスからプラスへ

①

| 「合併をした社員は，社風，社歴といった重荷を背負っていますから」 | マイナス要素をプラスに言い換える | 「合併によりお互いの社員が，社風，社歴といった財産をもたらしますから」 |

- 「重荷」はマイナス思考．「財産」はプラス思考．

②

| 「考え方，やり方，ものの見方が違うからうまくいかないんだ」 | マイナス要素をプラスに言い換える | 「自分がこれまでやってきたやり方以外にベストなやり方があるかもしれない」「あのAという点はちょっと考えものだが，Bという点はいいかもしれない」 |

- 失敗を異なった考え方，やり方，ものの見方のせいにしない．
- 異なった考え方，やり方，ものの見方をプラスに考える．
- シナジー効果は「類似性」からではなく，「相違性」から生まれるということを頭にたたき入れる．

> 3．合併後，職場に生じるコンフリクトを和らげ肯定的な雰囲気を促進する．

　企業異文化ファシリテーターは，合併後，職場で生じるコンフリクトに対し，"緩衝器"の役割を果たす．

　企業異文化ファシリテーターは，合併後，新しい職場で生じるコンフリクトに対処するために，そのKSAAが必要になる．

コンフリクトの対処法スタイル

　下記の文章は，コンフリクトを解決するための異なった対処法とその理由に関するものです．あなたがとる対処法およびその理由を1から5までのスケールを使って回答用紙に記入してください．

5＝コンフリクトが生じた時，私が頻繁に用いる方法である．
4＝コンフリクトが生じた時，私が度々用いる方法である．
3＝コンフリクトが生じた時，私が時々用いる方法である．
2＝コンフリクトが生じた時，私がほとんど用いない方法である．
1＝コンフリクトが生じた時，私がけっして用いない方法である．

1　コンフリクトは厄介なものであるので，逃げるが勝ちの信念に基づいて避ける．
2　コンフリクトを抑制するために，自分の利益を多少は犠牲にしても満足させ，良い人間関係を保つ．
3　勝てば官軍の信念に基づいて競争し，勝者になるように努める．
4　「妥協」は優れた概念なので，「妥協」を選ぶ．
5　「融合」は優れた概念なので，当初から相手と自分の見

解，思考様式，方法等を融合するような解決策をとる．

6 いつかは解決すべきだと覚悟はしているものの，目下は解決したくないので先送りする．

7 「和順」は優れた概念なので，相手にあわせる．

8 コンフリクトの解決時に，勝者になるべく努力する．

9 相手と妥協するには，多少の犠牲を払わなければならないので，相手に譲るところは譲る．

10 コンフリクトが存在する方が，良い意思決定ができるので，相手の考え方ややり方を融合し，積極的にコンフリクトの解決に取り組む．

11 コンフリクトが生じても，時間が解決してくれるので成り行きにまかせる．

12 短期に得られるものよりも，長期的な人間関係が重要なので，相手の面子を保ち，相手を立てて従う．

13 競争に勝つことによって，人間は成長できるので，自分の主張を通し続け譲らない．

14 コンフリクトの解決には，相手との接点を見出し，妥協しながら解決を図る．

15 コンフリクトが生じるのは自然であるので，厄介なものとは捉えず，相手と協働して融合型の解決策を見出す．

16 コンフリクトは，組織ではあってはならないものであるので，避けるし無視する．

17 集団の和を保つために，自己主張せず，相手の考えや行

動にあわせる．

18 競争好きで，相手に勝つと嬉しくて，充実感が得られるので，競争したくなる．

19 このままでは，コンフリクトが解決できないと判断した場合は，落とし所を探り妥協する．

20 対立する相手を「協働者」と捉え，相手とオープンに話し合い，情報を共有し，接点を探り，双方が満足いく合意を創造する．

21 コンフリクトを分析して，解決にエネルギーを費やすものや急務でないものは避ける．

22 組織に波風を立てないように，自分の主張を取り下げても相手にあわせる．

23 妥協や協調する人間は弱虫で，競争する人間は勇敢であると信じているので，常に競争し，勝者になるように努めている．

24 コンフリクトが生じるのは，半分は自分にも責任があるので，相手の主張にも耳を傾けて理解し，自分にも非があるところは認め，妥協点を探す．

25 「競争」や「妥協」により解決が図れない場合は，自分の利益，欲求，目標に加え，相手の利益，欲求，目標も重視して，それらを融合した解決策を見出す．

26 コンフリクトには積極的に関与しない．

27 コンフリクトは厄介なものなので，相手の主張にあわせ

る．

28 「競争」は優れた概念なので，人に勝つことを第1目標にしている．

29 問題によっては，長期的な人間関係を視野に入れ，相手に有利であっても妥協する．

30 コンフリクトは，当事者双方の意見や価値観の融合により，新しい文化を生み出すものとして肯定的に受け入れられる．

第5章　企業異文化ファシリテーターとは

解答用紙

1	2	3	4	5
6	7	8	9	10
11	12	13	14	15
16	17	18	19	20
21	22	23	24	25
26	27	28	29	30

あなたが解答した数字を縦（1－26・2－27等）に足し合計点を出してください．

1－26　回避
2－27　調和（和順）
3－28　競争
4－29　妥協
5－30　融合（協働）

図表26　コンフリクトの対処法の診断プロフィール

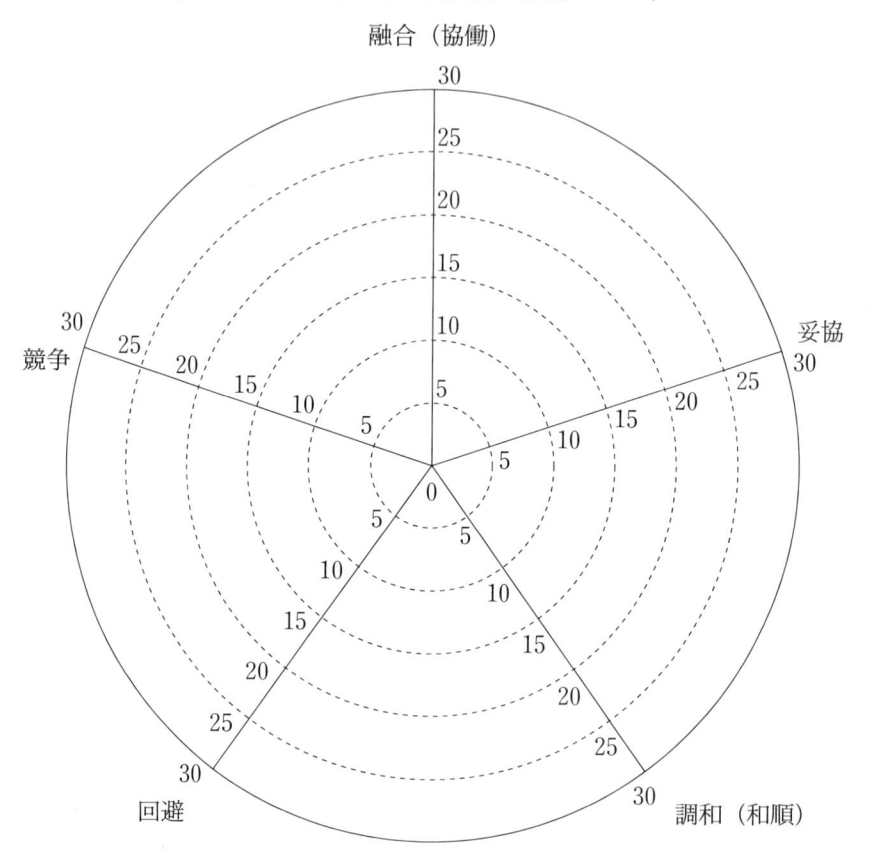

コンフリクトの対処法

K・トーマスは，コンフリクトの対処法として「回避」「競争」「調和」「妥協」「協働」の5つを挙げている（図表27）。

図表27　コンフリクトの対処法

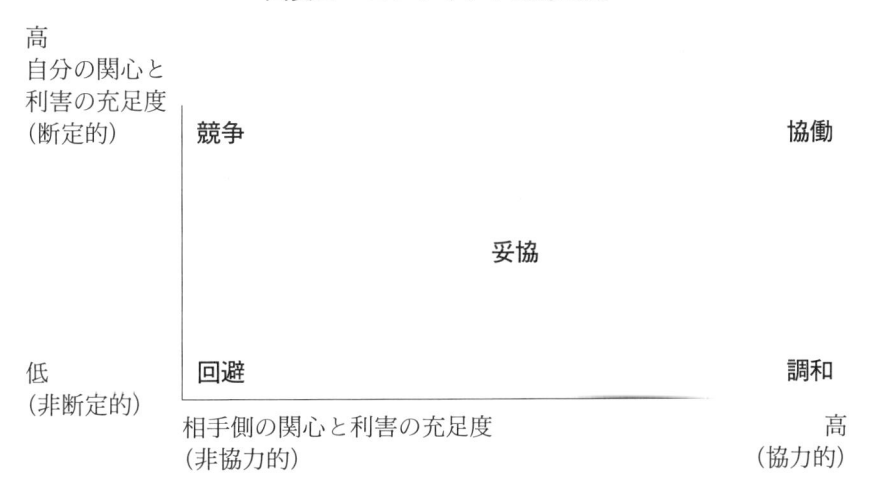

```
高
自分の関心と
利害の充足度
(断定的)        競争                          協働


                         妥協


低
(非断定的)       回避                          調和

             相手側の関心と利害の充足度           高
             (非協力的)                      (協力的)
```

回避

コンフリクトを利用することによって，関係を向上させようと試みない。争点を避ける。沈黙を保つ。引っ込みがちであるといった特徴がある。

調和

見せかけの調和。犠牲による調和。相手に関心があるが，結果や成果について関心が低い。波風を立てるのを嫌う。調和を維持するために同意する傾向がある。コンフリクトを抑制しよ

うとする．黙って従う．相手のために自分の利益を犠牲にする．

競争

相手を支配する．自分の意思を他人に押しつける．必ずしも他のメンバーの世話をしない訳ではないが，他のメンバーがどのように感じるかよりも，私欲と仕事の遂行に価値を置く．

妥協

完全に目的を達成することなどできないと考えている．誰も勝者にはならないし，敗者にもならない．故に，双方とも達成しようと望んだことに犠牲を払わなければならない．

協働

双方が協働して問題を解決し，双方が満足のいく合意をする．自己の利益と相手側の利益，欲求，目標を尊重する．シナジー的なアプローチ．

合併企業で働く社員のための自己分析（Ⅵ）

1. あなたが最近経験したコンフリクトの場面を思い出し，詳細に書いてください．いつ，どこで，だれと，どのようなコンフリクトを経験しましたか．コンフリクトの原因は何であると思いますか．

2. どのようにコンフリクトに対処しましたか．

3. その対処法は有効でしたか．

4. その対処法はあなたが合併前に所属していた会社の考え方，やり方，価値観に基づいていますか．あるいはあなたのパーソナリティに拠るものですか．状況に拠るものですか．

5. どのようにすれば，悪い経験を良い経験に変えることができたと思いますか．

> 4．合併後，職場で社員が各自のミッションを意識した行動をするように促進する．

　合併後，会社全体や部門別のミッションを創造するが，より重要であるのは，組織レベルから個人レベルに落とし，個人がミッション・ステートメントを作成することである．

　個々人がミッションを意識して業務に取り組むように促進する．問題が生じたら，各自のミッションを思い起こさせ，そこに立ち戻らせる．

　企業異文化ファシリテーターは，個人がミッションを創るように促す．「あなたのミッションは何ですか」．常にミッションを意識させた行動を促す．

合併企業で働く社員のための自己分析（Ⅶ）

1．旧社におけるあなたのミッションは何でしたか．

2．新会社におけるあなたのミッションは何ですか．

3．いつまでにそのミッションを遂行しますか．期限を設定してください．

4．そのミッションを遂行するために今日は何をしましたか．明日は何をやりますか．

5．そのミッションを遂行するために今週は何をしますか．今月は何をしますか．来月は何をしますか．

企業異文化ファシリテーターの選出

1. 合併した相手のやり方，考え方，ものの見方に好奇心のある人
2. 合併後，自分が合併前に所属していた企業のやり方，考え方，ものの見方が優れているといったような態度をとらない人
3. 合併後，「強者」と「弱者」に分かれても，互いの企業文化を尊重できる人
4. 人望があり，しかも上に意見の言える人

合併後の新会社では，このようなタイプの人は，円滑なコミュニケーションを促し，早期に社員の心や意識のシナジーを促進することができる人である．

相手のやり方や考え方，ものの見方を頭から否定してしまう人はファシリテーターに適切ではない．ファシリテーションは，否定することから始まるのではなく，傾聴することから始まり，相手の意見，考え方，ものの見方，価値観等を共有化する作業であるからである．

　企業異文化ファシリテーターは，「強者」と「弱者」の双方から選出するべきである．

企業異文化ファシリテーションチームの設置

　企業異文化ファシリテーションチームを社内に設置する．各部署の企業異文化ファシリテーターが集まり，ファシリテーションチームを形成することも可能．

　合併後の新会社において社員の意見や考えを吸い上げる．不平・不満を吸収する．

　不平・不満を人事考課に反映させないことを絶対条件とする．情報が漏れた場合，ファシリテーションチームとしての信頼を失う．管理職としての弱みを見せたくない部長等の面子を潰してしまうケースも発生する恐れもあるので，守秘の義務は徹底させる．

　ヒアリング調査を実施し，社内の生の声をデータとして収集する．各職場で生じている問題点を把握し，整理し，解決策を出すように促す．

　組織全体のシナジーを発揮するために，部署内のみならず，部署間のコミュニケーションを促進する．企業異文化ファシリテーションチームは，部署間で円滑なコミュニケーションが行われるように，部署間で生じるコンフリクトに対し"緩衝器"

の役割を果たす．

　企業異文化ファシリテーションチームは，たとえば1年間というように暫定的なチームとする．予算や権限が付き，恒久的なチームになると，チームに所属しない他の社員が嫉妬するからである．

　今後，合併を視野に入れている企業は，企業異文化ファシリテーションの知識やスキルに関する教育訓練を実施する．合併をしてみたが，社員の心や意識のシナジー効果が上がっておらず，人間関係がギクシャクし，社員間のコミュニケーションが円滑になされていない企業は，企業異文化ファシリテーションチームの設置が急務である．

　企業異文化ファシリテーションチームの導入にはトップの理解と決断が必要である．

　企業異文化ファシリテーションチームと企業異文化ファシリテーターという言葉を使用してきたが，役割が同様であれば，各企業，各部署でその企業文化や職場文化に合ったネーミングをする．

参考文献

- 梅澤　正『企業文化の革新と創造』有斐閣　1990年
- 海野素央「グローバル企業における異文化トレーニング」『明治大学教養論集』2001.9　通巻348号
- 海野素央「在タイ日系企業における異文化マネジメント」『明治大学教養論集』2001.1　通巻343号
- 河野豊弘・S. R. クレグ，吉村典久・北居　明・出口将人・松岡久美訳『経営戦略と企業文化』白桃書房　1999年
- スペンサー・ジョンソン，門田美鈴訳『チーズはどこへ消えた？』扶桑社　2001年
- BJ ギャラガー＆ウォレン・H・シュミット，田中一江訳『ペンギンの国のクジャク』扶桑社　2002年
- L. A. サモーバー，R. E. ポーター，N. C. ジェイン，西田司他訳『異文化間コミュニケーション入門』聖文社　1993年
- W. B. グディカンスト，ICC研究会訳『異文化に橋を架ける』聖文社　1997年
- 「合併がうまくいったのは三井と住友に強烈な競争意識があったからです」『財界』2002年3月12日号　64-65頁
- 「合併撤回——背景にリストラめぐる対立」朝日新聞　2001年12月26日朝刊
- 「合併撤回」読売新聞　2001年12月11日朝刊
- Adler, N., *International Dimensions of Organizational Behavior*, South-Western College Publishing, 1997.
- Fisher, R., & W. Ury, *Getting to Yes*, A Penguin Book, 1981.
- Habeck, M., Kröger, F., & M. Michael, *After the Merger*, Prentice Hall, 2000.
- Hall, E., *The Dance of Life*, Doubleday, 1983.
- Hall, E., *The Hidden Dimension*, Doubleday, 1982.
- Hampden-Turner, C., & A. Trompenaars, *Building Cross-Cultural Competence*, Yale University Press, 2000.
- Hampden-Turner, C., & A. Trompenaars, *The Seven Cultures of Capitalism*, Currency Doubleday, 1993.

- Harris, P., & M. Moran, *Managing Cultural Differences*, Gulf Publishing Company, 1996.
- Hofstede, G., *Culture and Organizations : Software of the Mind*, McGraw-Hill Publishing Company, 1997.
- Hofstede, G., "Motivation, Leadership, and Organization: Do American Theories Apply Abroad?," *Organizational Dynamics*, Summer, 1980, pp. 42-63.
- Janis, I, *The Groupthink*, Houghton Mifflin Company, 1982.
- Kanter, R., & T. Dretler, "Global Strategy" and Its Impact on Local Operations: Lessons from Gillette Singapore, in Mendenhall, M., & G. Oddou (Eds.), *Readings and Cases in International Human Resource Management*, South-Western College Publishing, 2000, pp. 4-17.
- Langer, E., *The Power of Mindful Learning*, Perseus Books, 1997.
- Langer, E., *Mindfulness*, Perseus Books, 1989.
- Marquardt, M., *The Global Advantage*, Gulf Publishing Company, 1999.
- Oberg, K., "Culture Shock and the Problem of Adjustment in New Cultural Environments", in Weaver, G. (Ed.), *Cultural Communication and Conflict*, Simon & Schuster Publishing, 1988.
- Shaw, M., *Group Dynamics : The Psychology of Small Group Behavior*, McGraw-Hill Publishing Company, 1981.
- Thomas, K., "Conflict and Negotiation Processes in Organizations", in Dunnette, M., & L. Hough (Eds.), *Handbook of Industrial Psychology*, Consulting Psychology Press, Inc. Vol. 3, 1992. pp. 651-717.

　2001年4月にメリーランド大学で開かれた"国境のないリーダーシップ"の研究会でのJ・ワングの講演．
　タイトルは，"Building a Sustainable Culture."
　DIE分析は，M・ベネット，J・ベネット，K・スティリングによって開発された．
　その他，人事部や広報部からの資料，社内報，会社案内を参考にさせて頂いた．

あとがき

　2年前，この本に書いた調査を始めた時，海野の関心は，単に企業合併の効果を異文化融合ないし異文化共生の視点から分析し，シナジー効果を高めるプログラムを開発することにあった．80年代から90年代前半の日本企業における異文化的問題は，発展のレールを驀進する中での海外進出や外国企業の買収の結果生じた異文化間軋轢が，その中心を占めていた．

　90年代の過半を異文化経営の調査にあててきた海野は，バブル経済崩壊後，文字通り企業の存亡をかけたなりふりかまわぬ日本企業同士の合併が，異文化企業の合併におけるように，企業文化の対立を引き起こし，期待されるシナジーを削ぐ状況を生み出すと直観した．場合によっては，同文化のベースを有する故に，却ってその対立の溝は深いかもしれないと──．

　企業文化の衝突があるに違いない．あるとすればそれを克復し，合併のシナジーを可及的すみやかに実現するプログラムの開発は可能か──ヒアリング調査が始まった．

　鈴木がこの研究に加わった時には，既に相当数のインタヴューに基づく資料が上がっていた．鈴木は，そこに日本のサラリーマンたちの深刻な危機をみた．その多くは，鈴木と同年代の人々である．彼らは，企業戦士，会社人間，ワーカホリックと揶揄された一世代前のサラリーマンたちをやや冷めた眼でみつ

つも，自身が企業に属する身となれば，その企業にアイデンティティを見出し，企業にロイヤリティを捧げる働き人となった人々である．年功序列に支えられた企業内のポジションに安心し，己の企業文化を誇りとして生きてきた「Ａ社の佐藤」であり「Ｂ社の田中」「Ｃ社の高橋」なのである．

ヒアリング調査の対象は，合併当初に新会社に所属していた，その意味ではリストラの嵐を生き残った人々であった．しかし，本書で明らかにされたように，その人々にも合併は深い心の傷を与えた．

企業がサバイブするために，合併が不可欠であったのは否みようのない事実であるが，長期的な観点から，あるいはトータルな視点から，アフター・ケアーの欠落も含めて，現実に行われた合併のあり方が，日本のサラリーマンの質を落としたということも事実である．

相手の価値観を使って相手を説得するというのは，異文化交渉のスキルの一つであるが，それは相手の価値観を鵜呑みにするのと同義ではない．アメリカ一人勝ちの様相を呈している現在のグローバリゼーションの中で生き残るために，日本の経済システムは，それと気づかず，己を支えてきた日本的価値観をどれほど潰してしまったのか――そのツケは大きい．

ヒアリング調査中にこう語った「勝ち組」の社員がいた．

「社内の権力闘争には勝ちましたが，新会社を外から眺めると両方とも負けではないでしょうか．業績が上がっていません

から」

　結局，現在の合併は，多くの場合「敗者―敗者」を生み出してきた．「敗者―敗者」を創らないためにこの本は書かれた．

　海野がこの原稿を最初に見せたある大手出版社の編集長と関連の研究所社長は，「確かにニーズはある」と断言し，レジュメと原稿を持って帰った．また，同じ頃，鈴木が絶大な信頼と尊敬を寄せている編集者である作家は，原稿に目を通し「サラリーマン頑張れということですね」とこの本の主旨を一言にまとめ，「これはコンサルト会社が企業に売るようなものでしょう」とコメントした．正しく然りである．

　しかし，企業に売らないで本として公開したいと思ったのは――もちろん，企業に売るためのプログラムならば，より精緻化しボリューム・アップするのだが――より多くの人々に読んで頂き，活用して頂きたいと願ったためである．献辞にこそしなかったが，この書は，合併の後遺症に苦しむサラリーマンや価値観の混乱の中を新たな不安の社会へと旅立っていかなければならない学生たちに捧げられている．

2002 年 4 月 21 日

海野素央　鈴木了符子

索　引

あ　行

愛社精神	44, 87
アイデンティティ	56, 62
アドラー, N.	63
EQ（心の知能指数）	vi
意思決定	67
一時一事主義	92
異文化トレーナー	103
インフォーマル	73
ヴィジョン	96
うち	126
内集団対外集団	107, 110, 130
内集団対外集団の意識	127, 140
Mタイム	92
オセロゲーム	124
おたく	126
オバーク, K.	66

か　行

解釈	122
外集団	87
回避	159
獲得的地位対生得的地位	81
過大評価	129
価値観	62, 72
価値観の均一化	94
価値観の平準化	94
葛藤	50, 107, 150
合併企業における文化的価値観	114
合併効果	11
合併ストレス	7
合併トラウマ	82
カテゴリー	134
カテゴリー化	90
加点主義	117
過当競争	95
カリスマ性	67
カルチャーショック	66
考え方	62
間接的・暗示的コミュニケーションスタイル	93
間接部門	54
カンター, R.	73
管理部門	49
官僚主義	117
企業文化	5, 114
「企業異文化シナジー」のプログラム	9, 106
企業異文化ファシリテーター	104, 147
企業異文化ファシリテーターの役割	148
企業戦士	i
企業異文化ファシリテーションチームの設置	165
企業文化の相違	63, 142
企業理念	57
記述	122
帰属理論	125
ギャラガー, BJ＆ウォレン・H・シュミット	102
旧社意識	55-56
教育研修	86
強者対弱者の意識	62, 63
凝集性	128

索 引

競争呪縛型人間	viii
競争	92, 154-156, 159
協働	96, 159, 160
グディカンスト, W.	91, 131
グレグ, S. R.	71
グローバリゼーション	92
グローバリゼーションの曲線	101
グローバル	101
グローバル・マネジャー	101
グローバル・リーダー	102
KSAA（知識・スキル・能力・態度）	104
経済的効果	88
経済的シナジー効果（顕在的）	108
結果第一主義	92
顕在化したシナジー効果	107
減点主義	117
権力の格差	75
高コンテクスト	93
肯定的なステレオタイプ	89
河野豊弘・S. R. クレグ	114
効率	92
効率第一主義	92
効率の概念	98
国際	101
国内	101
心や意識のシナジー効果（潜在的）	108
個人重視	117
個人主義	92
個人主義対共同体主義	81
個人主義／集団主義	75
混合	120
コンフリクト	5, 38
コンフリクトの対処法スタイル	153

さ 行

サモーバー, L. A.	89
時間の概念	98
自己否定	64, 82
シナジー効果	iii, 5
支配型シナジー	120
自文化中心主義志向の企業	100
自文化中心主義的な態度	84
自文化	83
ジャニス, I.	128, 129
Japan Inc.	i
社風	59
自由闊達	117
集団思考	141
集団思考の罠	104
集団思考の8つの病的現象	129
守秘の義務	165
ショウ, M	128
状況	125
勝者／勝者（ウィン／ウィン）	96
ジレット	73
心理的悪循環	138
心理的抵抗	7, 43, 63
心理的不適応	85
スーパープアー	95
スーパーリッチ	95
ステレオタイプ（固定観念）	62, 141
ステレオタイプとカテゴリー化	63
ストレス	38
スピード	92
性悪説	24, 25, 49, 65
成果主義	92
生産部門	49
精神的堕落	95
精神的な発展	95

性善説	24, 25, 49, 65	ドレットラー, T.	73
「正」(プラス) のシナジー効果		トロンペナルス, A.	81
	23, 111		
狭い了見	129	**な　行**	
全員一致の圧力	129	内部志向型対外部志向型	81
潜在化したシナジー効果	109	二分法	vii
選択肢	133	ネオ・グローバリゼーション	92
組織重視	117	ねじれ現象	111
組織文化	99	根回し	51
た　行		**は　行**	
代替案	94, 133	パーカー	73
対等合併	64	排除の論理	130
妥協	153	パッチワーク・キルト型シナジー	
多極主義志向の企業	100		120
多国籍	101	ハベック, M.	73
特化型シナジー	120	パラシュート部隊	124
他文化	83	パラダイム・シフト	97
多様性	102	販売部門	49
男性らしさ／女性らしさ	75	ハンプデン―ターナー, C.	81
DIE 分析	85, 122	P タイム	93
地域志向	100	ヒーロー	101
地域中心主義志向の企業	100	非言語	146
地球志向の企業	100	否定的感情	86
中央集権的	73	否定的なステレオタイプ	89
調和	157-159	評価	122
直接的・明示的なコミュニケーションスタイル	92	評価者訓練	56
		平等対階層	81
直接部門	49	ピラミッド型	71
DNA	103	プアー	95
低コンテクスト	92	フィードバック	146
テリトリー	88	フォーマル	73
同調圧力	129	不確実性の回避	75
トーマス, K.	159	物質的な発展	95
特性	125	普遍主義対個別主義	81
トップダウン	55, 58	「負」(マイナス) のシナジー効果	

索引

	24, 111	メガ・コンペティション	iv
プライド	82, 140	メンター	101
フラット型	55	面子	165
プロセス	93	モノクロニック	92
分解と統合	81	モラン, R.	100
文化的価値観	74, 114		
文化的気づき度（認知度）	66	**や 行**	
文化的多様性	95	役職志向	55
文化疲労	66	やり方	62
文化不適応	66	優越感	83
文化変容ストレス	66	融合	85, 153
分権型	65, 117	融合型シナジー	120
ベネット, M.	84	融和研修	55
変化	54	融和策	49
ボトムアップ	57		
ホフステッド, G.	75	**ら 行**	
ポリクロニック	93	ランガー, E.	131
本社一極集中型	48, 65, 117	リーダー	101
		リスクテイキング	117
ま 行		リスク回避	78, 117
マーカード, M.	99	稟議	16
マインドセット（思考様式）	101	連続的時間観対同時的時間観	81
マインドフル	134		
マインドレス	131	**わ 行**	
マジョリティ	96	ワーカホリック	i
マニュアル	78	和順	154
ミッション	162	ワング, J.	4, 5
無意識	83		

著 者

海野素央（うんの・もとお）
現職：明治大学政治経済学部助教授 心理学博士
　　　明治大学政治経済学部卒業 米国国際経営大学院（サンダーバード校）修士課程修了 U.S.インターナショナル・ユニバーシティ博士課程修了
専門：異文化ビジネス論，異文化間コミュニケーション論，産業・組織心理学
著書：『ネットワーク社会の経営学』（共著・白桃書房，2002年）
　　　『日本人の社会心理』（共著・人間の科学社，1998年）
論文：「異文化対応型リーダーシップ」『明治大学教養論集』2001・9，「グローバル企業における異文化トレーニング」『明治大学教養論集』2001・9，「チームワークと異文化──グローバル企業における効果的なチーム・ビルディング──」『産業訓練』2001・6

鈴木了符子（すずき・りょうこ）
　　　早稲田大学政治経済学部卒業　早稲田大学大学院政治学研究科博士後期課程退学
　　　1990—94年 ワシントン在住
　　　2002年3月よりニューヨーク在住
専門：自治行政

── 企業合併と「異文化」──企業文化の衝突 ──

2002年5月25日　第一版第一刷発行
2004年1月30日　第一版第三刷発行

　　　　著者　海　野　素　央
　　　　　　　鈴　木　了符子
　　　　発行所　㈱学　文　社
　　　　発行者　田　中　千津子
　　　　　　　東京都目黒区下目黒3-6-1　〒153-0064
　　　　　　　電話03(3715)1501　振替00130-9-98842

落丁・乱丁本は，本社でお取替え致します。印刷／株式会社亨有堂印刷所
定価は売上カード，カバーに表示してあります。

©UNNO Motoo & SUZUKI Ryoko　2002 Printed in Japan　　ISBN4-7620-1148-7